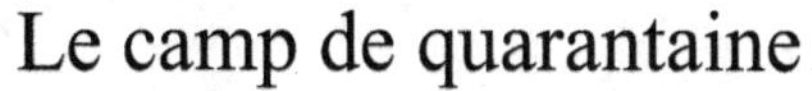

Le camp de quarantaine

LE CAMP DE QUARANTAINE

GUILLAUME DE FRANCE

Avertissement au lecteur

Ce roman court contient des extraits d'ouvrages politiques susceptibles de heurter la sensibilité des lecteurs, y compris des passages du controversé Mein Kampf.

Ces extraits sont utilisés dans un contexte purement fictionnel et dans le seul but de soutenir l'intrigue et l'atmosphère du récit. Leur inclusion ne reflète en aucun cas une promotion ou une approbation des idées, opinions et croyances qui y sont exprimées.

L'auteur se dégage de toute responsabilité quant à la manière dont ces extraits sont perçus et compris.

L'objectif de cette œuvre est d'immerger le lecteur ou la lectrice dans une expérience fictive qui élève l'esprit.

I

Une femme d'une grande maigreur s'approche d'une porte coulissante automatique.

— Madame ! Vous feriez bien de vous abstenir ; le territoire a été placé en vigilance rouge, dit l'employé de réception.

— Oh pardon ! Je ne vous avais pas vu, gardien.

— Où allez-vous ?

— Partout et nulle part, je me familiarise avec les lieux, je flâne. Entre nous, cet établissement est totalement différent de ce que j'imaginais. Tout est tellement fastueux ici… c'en est presque irréel tellement c'est beau. On peut même se promener à l'heure de notre choix, à l'intérieur comme à l'extérieur, de jour comme de nuit… quel bonheur, quelle liberté ! Je m'apprêtais justement à faire une balade quand vous...

— Une balade ? Mais Madame, ne voyez-vous pas ce qu'il tombe ? Et ce n'est que le début ; on annonce une montée en puissance de la tempête à partir de minuit.

J'ai pour consigne de dissuader les clients de sortir. Nous ne voulons pas qu'il vous arrive malheur.

La femme réfléchit un instant.

– Je ne savais pas la météo si mauvaise. J'ai tant besoin de me changer les idées… mais je vais m'en tenir à vos sages conseils et rester à l'abri.
– Vous voilà redevenue raisonnable.
– Peut-être pourrais-je m'évader autrement ? J'ai cru comprendre que l'établissement sert de l'alcool.
– Nous en servons. Que voulez-vous boire ?
– Je vais prendre un baijiu, s'il vous plaît.
– Un quoi ?
– Un baijiu.
– Quel drôle de nom. Je vais voir ce que je peux faire. Veuillez me suivre.

Ils se dirigent tous deux vers le bar. L'employé passe derrière le comptoir, cherche l'alcool demandé, s'étonne d'en trouver une bouteille, et sert la cliente. Celle-ci saisit son verre et fait cul sec.

– Voilà qui devrait fluidifier ma circulation sanguine, dit-elle.

L'employé remarque des lacérations sur ses mains décharnées.

– D'où venez-vous ? demande-t-il.
– De Shanghai.
– Je vois. La Chine est dans l'air du temps et…

Bruit de porte coulissante. Monsieur Bourgeois entre, suivi de sa femme et d'une amie. Ils posent leurs parapluies à l'entrée.

– … porteuse de bouleversements, termine l'employé.

Le trio marche en direction du bar. Les deux femmes s'assoient autour d'une table. Monsieur Bourgeois s'installe au comptoir. Il salue l'employé et jette un coup d'œil intéressé à l'Asiatique.

– Que boit-elle ? demande-t-il.
– Un baijiu, répond l'employé.
– Un quoi ? Qu'importe, je vais prendre la même chose. Servez-lui un autre et apportez du thé bien chaud aux dames qui m'accompagnent.

L'employé s'exécute. Il sert le baijiu puis s'approche des clientes avec un plateau.

– Eh bien ! Qu'avez-vous ? Auriez-vous peur de moi ? demande Madame Bourgeois.

– Je n'ai rien, Madame, dit l'employé en servant le thé.

– Dans ce cas, pourquoi ai-je l'impression que vous vous tenez à distance ? Est-ce le tout dernier variant qui vous effraie ainsi ?

– De quoi parlez-vous ?

– Vous n'écoutez pas les informations ?

– J'avoue ne plus regarder le journal télévisé.

– Eh bien, laissez-moi vous mettre à la page. Tout portait à croire que la pandémie de Covid-19 n'était plus qu'un lointain souvenir, et voilà que tout d'un coup on évoque l'apparition, en Asie, d'un virus réassorti ; la recombinaison d'un variant du SARS-CoV-2 avec le virus de la rage. D'après les épidémiologistes, la période d'incubation s'étendrait de moins d'une semaine à plus d'un an. Les personnes infectées doivent être prises en charge très rapidement ; le taux de mortalité s'élève à 100% en cas de survenue des premiers symptômes. Mais les journalistes assurent que le foyer de contagion est sous contrôle. Il n'y a donc aucune raison de s'alarmer, d'autant que les frontières ont été fermées.

– Rien de tout cela. Vous avez pris la pluie.

– Oui… et alors ? Je ne comprends pas.

L'employé désigne tour à tour le manteau de fourrure de Madame Bourgeois et celui de son amie.

– Vous empestez, dit-il en tournant les talons pour regagner sa place derrière le comptoir.

– J'hallucine ou cet homme nous a manqué de respect ? chuchote Madame Bourgeois.

– Vous n'avez pas rêvé. Donnons-lui une bonne leçon, répond son amie.

– Je vais en toucher deux mots à la direction. Ce rustre ira bientôt grossir les rangs des chômeurs.

– Je me porterai témoin. Montrons-nous persuasives, quitte à en rajouter un peu.

Les deux femmes rient.

– Vous voyez cette pétasse que mon mari colle d'un peu trop près ? demande Madame Bourgeois.

– Difficile de passer inaperçue avec ces fripes d'un autre âge et cette casquette ridicule, répond l'autre.

– Elle m'a tout l'air d'une voleuse d'hommes.

– Vous n'avez rien à craindre de cette paysanne anorexique. Avec un look pareil, comment pourrait-elle plaire à la gent masculine ? Qui plus est, elle semble totalement indifférente à ce qui se passe autour d'elle.

– Les apparences nous jouent parfois de sales tours. Gardons l'œil ouvert.

La Chinoise lève son deuxième verre de baijiu puis le repose presque aussitôt, sans même boire une gorgée. Elle place une main devant la bouche pour étouffer une violente quinte de toux.

– Gardien ! S'il vous plaît ! Du papier ! J'ai besoin de papier ! Il faut que j'écrive à ma mère ! s'écrie-t-elle péniblement.

L'employé lui apporte du papier et un stylo.

– Est-ce que ça va aller, Madame ? Voulez-vous que j'appelle un médecin de garde ? demande-t-il en fixant des yeux la paume rougie de la cliente.

L'Asiatique essuie l'hémoglobine sur ses lèvres et répond d'un air attendri :

– Je vous remercie pour votre bienveillance, mais ce ne sera pas nécessaire. Mes problèmes de santé sont plus impressionnants que graves.
– Est-ce la cigarette ?
– Non, la tuberculose.
– Ah ! Cette maladie s'est faite tellement rare par ici qu'il est facile de la croire éradiquée.

L'Asiatique enlève sa casquette, fouille sa chevelure noire, et en retire une épingle à cheveux. Elle trempe l'épingle dans le creux de sa main et se met à griffonner en lettres de sang.

– Qu'écrit-elle ? murmure Monsieur Bourgeois à l'employé.

– Je ne saurais vous dire. C'est du chinois.

– Cette pauvre femme semble mal en point tant au niveau physique que psychologique…

L'employé acquiesce d'un signe de tête.

– Quoi qu'il en soit je vous félicite ; vous avez su faire preuve de considération client. D'autres auraient manifesté de la méfiance envers cette malheureuse, voire de la crainte, eu égard à son état de santé. En cette ère de pandémies, cracher du sang peut en repousser plus d'un, rajoute Monsieur Bourgeois.

– Vous croyez ?

– J'en suis certain.

– Ce n'était pas grand-chose.

– Détrompez-vous. Les petites attentions comptent. Malheureusement, elles se perdent. Je suis moi-même propriétaire de plusieurs établissements de luxe, et je vous prie de croire que nous peinons à trouver du personnel sérieux et motivé, du personnel qui s'implique, qui exécute sans broncher.

– Quelles sont, selon vous, les causes de cette désaffection pour le métier ?

– Eh bien, les nouvelles générations de travailleurs sont gangrenées par le mal du siècle ; l'apathie. Et il n'est pas rare de voir ces fainéants faire preuve d'insolence envers la hiérarchie et la clientèle. Ils n'ont aucune conscience professionnelle. Aussi, je ne connais qu'une méthode pour gérer ces cancres de manière efficace ; les presser d'obéir aux ordres, de suivre les règles, de se rendre productifs, de se doter du mélange de docilité et de combativité qui leur fait défaut, et virer les insoumis.

– En vous écoutant, j'ai l'impression d'entendre mon propre discours à une époque où je partageais peu ou prou la même vision des choses, dit l'employé. J'ai évolué le jour où j'ai rencontré le vieil homme qui m'a initié à une philosophie radicalement différente. Je peux vous assurer que vous envisageriez le problème sous un autre angle si vos chemins venaient à se croiser. Et, vous n'allez pas le croire, il séjourne actuellement dans notre établissement !

Bruit d'ascenseur.

– Eh bien, qui que ce puisse être, je lève mon verre à ce brillant personnage, dit Monsieur Bourgeois d'un ton railleur.

Il avale son baijiu et tousse.

– Moquez-vous, Monsieur Bourgeois, mais nous savons tous deux que votre méthode est précisément l'une des raisons qui poussent des millions de travailleurs à fuir l'hôtellerie-restauration. Cette hémorragie, qui touche d'autres secteurs, est si massive qu'on l'a baptisée « la grande démission ». Il y a aussi le fait que certaines professions, telles que serveur ou femme de chambre, évoquent beaucoup trop la domesticité. Dans une société évoluant vers toujours plus d'égalité, qui a envie de passer pour un larbin ? En ajoutant à cela le caractère peu innovant, presque statique, de ce secteur d'activité « non essentiel », le tableau est tout sauf attrayant.

L'ascenseur s'ouvre. Bruits de pas qui se rapprochent. Monsieur Bourgeois sourit et rétorque :

– La beauté du capitalisme réside justement en ce qu'il vous offre la liberté de choisir, la liberté de prendre la porte si vous n'êtes pas satisfait. Moi, je crée des emplois, voyez-vous. À l'heure actuelle, sans leur travail, les « domestiques » dont vous parlez auraient bien du mal à subvenir à leurs besoins. Mais, au lieu de s'estimer heureux de gagner leur pain quotidien, au lieu de travailler dur pour gravir les échelons, ils passent leur temps à geindre et à jalouser le patron. J'ai personnellement connu la misère, je ne possédais rien, mais j'ai lutté pour occuper la position qui est la mienne aujourd'hui. Car c'est dans la difficulté que naît la combativité ! La perspective de tomber en disgrâce, de finir à la rue et d'y crever sans que personne ne s'en soucie, voilà de quoi redonner à ces individus la niaque nécessaire pour s'en sortir. Retirer ce spectre, c'est donner le feu vert à la prolifération de l'oisiveté au sein du personnel. C'est rendre les travailleurs chaque jour moins productifs car, une fois le risque de déchéance écarté, ils ne ressentent plus le besoin de se démener. Seule l'adversité permet de libérer la volonté de puissance qui sommeille en chaque individu, l'essence qui anime toute forme de vie ! La volonté de puissance…

Monsieur Bourgeois déglutit avec difficulté et se touche la gorge comme pour soulager une irritation.

– La volonté de puissance, reprend-il après quelques secondes, cette force qui vous pousse à émerger de la masse, à sortir de l'obscurité pour entrer dans la lumière ! Le capitalisme ne fait qu'appliquer la loi fondamentale de la nature ; le plus fort survit, le plus faible périt ! Ainsi, pourquoi devrais-je faire preuve de compassion à l'égard d'incapables ? Non, il faut être inflexible et impitoyable.

– Faites comme vous voudrez. Mais le peuple sait ce que cachent les jolies façades de vos établissements ; salaires de misère, code du travail non respecté, heures supplémentaires non payées, horaires fluctuants et incompatibles avec une vie de famille, pression exercée sur les salariés pour augmenter leur productivité ou les pousser à la démission quand leur profil ne convient plus, etc., etc. Sans compter les suicides dont les gens de votre espèce sont responsables chaque année. Quant à vos clients, vos vaches à lait, vous ne faites preuve à leur égard que d'une cordialité feinte. L'exode des travailleurs est mondial car la cupidité et le manque de scrupules des employeurs ne connaissent pas les frontières.

Le visage de Monsieur Bourgeois s'empourpre. Il tape du poing sur le comptoir et hurle :

– Assez ! Dois-je vous rappeler que vous êtes un employé de l'établissement et que vous me devez le respect, moi qui suis votre client ?! Humanité ? De qui se moque-t-on ?! Voilà qui me rappelle le discours de ces journaleux d'extrême gauche, ces bacilles communistes ! Ma foi, peut-être vous croyez-vous au pays de Mao ?

L'Asiatique tressaille. Elle jette un regard circulaire dans la pièce et se replonge dans l'écriture.

– Diable ! Un nietzschéen et un gauchiste, voilà qui promet d'égayer cette fin de soirée ! s'écrie un homme avec un drôle d'accent russe.

Monsieur Bourgeois pivote sur son tabouret et dévisage le vieux moustachu qui se dresse devant lui.

– Encore vous, Monsieur Djougachvili ! Il me semble avoir été clair ; vous n'aurez plus une goutte d'alcool ! Et ne vous avisez pas d'importuner les clients ! gronde l'employé.

Puis il se penche vers Monsieur Bourgeois et lui souffle à l'oreille :

– C'est l'individu dont je vous parlais plus tôt. Un conseil ; ne vous fiez pas à son aspect peu engageant. Nous avons là un authentique homme du peuple qui met un point d'honneur à être compris par le plus grand nombre lorsqu'il s'exprime. Il n'a donc rien d'un pédant d'université, et c'est tant mieux car nous avons horreur de ce genre de personnes. Il n'en est pas moins un être spécial, un être d'exception…

Monsieur Bourgeois fait mine de l'ignorer. Le vieil homme s'impatiente :

– Qui suis-je sinon un client ? Ne discutez pas. Mettez-moi un verre de votre meilleure vodka.
– N'y comptez pas, Monsieur Djougachvili. À votre âge, il faut préserver votre santé.
– Comme vous êtes dur avec moi ! s'exclame le Russe en prenant place au comptoir.

L'employé lui sert un verre d'eau. Pendant un moment, les regards se croisent sans qu'un mot ne soit prononcé. L'atmosphère est plus joviale en aparté ; Madame Bourgeois et son amie se livrent à des messes basses entrecoupées d'éclats de rire et de coups d'œil furtifs jetés au nouveau venu.

II

– Il est vrai que j'ai une grande admiration pour Nietzsche. C'était un grand philosophe, dit Monsieur Bourgeois pour briser le silence.

– Certes, mais ses idées ont précipité l'humanité dans la barbarie et la destruction, rétorque l'employé.

– Que voulez-vous dire ?

– Qu'il a grandement influencé Hitler.

– C'est absurde.

– Détrompez-vous. Dans Mein Kampf, jugeant ridicule d'entraver la liberté de procréation de l'espèce humaine, le Führer écrit ceci : « à la place de la lutte naturelle pour la vie, qui ne laisse subsister que les plus forts et les plus sains, se trouve instaurée, cela va de soi, cette manie de "sauver" à tout prix les plus malingres, les plus maladifs, noyau d'une descendance qui sera de plus en plus pitoyable tant que la volonté de la nature sera ainsi bafouée »[1]. Et la volonté à laquelle il fait référence est la volonté de puissance dont vous parliez tout à l'heure et qui implique d'écraser autrui, de se débarrasser des plus faibles. Quelques lignes plus loin,

Hitler ajoute ceci : « Une race plus forte chassera les races faibles, car la ruée finale vers la vie brisera les entraves ridicules d'une prétendue humanité individualiste pour faire place à l'humanité selon la nature, qui anéantit les faibles pour donner leur place aux forts »[2]. Le Führer voyait le monde terrestre comme un champ de bataille sur lequel les diverses « races » humaines devaient s'affronter jusqu'à ce qu'il n'en reste qu'une. Vous voyez bien, c'est du Nietzsche tout craché, dit l'employé.

– Où voulez-vous en venir ? M'accusez-vous d'être un nazi ? Venant d'une personne qui me récite Mein Kampf, je trouve cela osé !

– Non. J'ai fait le parallèle avec Hitler pour mettre en évidence un paradoxe. Le Führer voyait le propriétaire des moyens de production en position de force et ses employés en position de faiblesse. Et pourtant, dans son manifeste, alors même qu'il considérait le marxisme comme une pestilence qui entraînerait « la disparition des habitants de notre planète »[3], il déclare ceci : « Tant qu'il y aura des employeurs dénués de compréhension sociale ou n'ayant pas le sentiment du droit et de la justice, leurs employés, partie intégrante de notre peuple, auront le droit et le devoir de défendre les intérêts de la communauté contre l'avidité et la déraison d'un seul »[4]. Ce qui signifie que le Führer lui-même était prêt à faire exception à sa philosophie pour les individus dont la seule préoccupation est l'accumulation de richesse au détriment de l'intérêt général, explique l'employé.

Monsieur Bourgeois tape une nouvelle fois du point sur le comptoir, laissant à l'agonie un gecko qui passait par là.

– Hitler, à l'instar des autres tyrans du XXe siècle, était un socialiste ! Tous ont désigné les entrepreneurs, les honnêtes commerçants comme des boucs émissaires ! Ils ont refusé de reconnaître la supériorité du libéralisme économique et de la compétition ! Qu'ont-ils proposé si ce n'est le partage planifié de la misère et de la mort ?

– Monsieur Bourgeois, vous méprisez le socialisme, et c'est votre droit. Mais souvenez-vous de la situation dans laquelle se trouvait le secteur de l'hôtellerie-restauration pendant la pandémie de COVID-19. L'État a tendu une main que ni vous ni vos compères n'avez refusée. Ce qui a permis à un grand nombre d'établissements d'échapper à la faillite. Par la suite, l'État a exigé un effort de votre part. Celui de revaloriser les plus bas salaires et d'améliorer les conditions exécrables dans lesquelles travaillent vos salariés. Avez-vous fait cet effort ?

– Et puis quoi encore ? Augmenter mes salariés ? Je n'en ai pas les moyens. D'ailleurs, je n'ai que faire des exigences d'un État qui met des individus, des ratés de la vie, sous perfusion financière avec l'argent des contribuables. Nous ferions mieux d'adopter une politique favorable aux affaires, et de mettre un terme à l'assistanat.

– Vous oubliez que l'État, c'est nous, le peuple ! Et l'État sait exactement qui nous sommes, ce que nous faisons, j'ose même dire ce que nous pensons car, en plus des impôts, il collecte nos données personnelles. L'État est en mesure d'identifier les entreprises qui ont fait l'effort d'augmenter leurs salariés, et celles qui ont ignoré ses recommandations.

– Et que voulez-vous que ça me fasse ?

– Eh bien, imaginez le scénario suivant : une nouvelle pandémie éclate, suivie de nouveaux confinements et de nouvelles fermetures d'établissements. Mais cette fois l'État décide d'apporter son aide au cas par cas, de soutenir les bons élèves et d'abandonner à leur sort les entreprises qui ont fait la sourde oreille.

Monsieur Bourgeois ricane et dit :

– Vous êtes bien naïf ; l'État n'est pas un Robin des bois. Il n'a que faire de vous et moi, si ce n'est pour nous prendre notre argent. Arrêtez de jouer les sbires du gouvernement, c'est pathétique. Un conseil ; voyez grand et vous cesserez d'être petit.

— Vous avez raison ; je ne suis qu'un petit prolétaire. Mais je vois de grandes choses ! Je vois un saut qualitatif, un changement de système, je vois une nouvelle ère qui se profile à l'horizon ! Le capitalisme est mort, vive le capitalisme des parties prenantes ! Vive le communisme ! Vive Mao !

Un verre projeté à grande vitesse frôle le visage de l'employé avant de s'écraser contre les bouteilles d'alcool se trouvant derrière lui.

— Vous ! hurle la Chinoise en pointant un doigt accusateur. Comment osez-vous faire l'éloge de l'homme qui m'a privée de ma liberté, de mes droits inaliénables ! Qui a conduit mon père au suicide ! Ma mère à la folie ! De quel droit prononcez-vous le nom de ce... ce...

Elle enfouit son visage dans ses mains et éclate en sanglots.

— Cette femme m'a agressé ! Vous êtes tous témoins ! Voilà ce à quoi nous sommes confrontés au quotidien, nous autres salariés ! Cela mérite bien une

augmentation de salaire significative ! s'insurge
l'employé.

– Calmez-vous, Mademoiselle. Cessez de pleurer. Si
vous avez vécu des choses dramatiques, servez-vous de
ce passé douloureux comme une motivation pour vous
battre et rebondir, dit Monsieur Bourgeois.

La Chinoise essuie ses larmes et répond :

– Me battre ? Comment pourrais-je en trouver la
force ? L'enfer sur terre existe. J'y ai séjourné et subi
les pires sévices. Rien ne sera plus comme avant.

– Je pourrais peut-être vous aider si vous me racontez
votre histoire. Commencez par m'en dire plus sur cet
endroit que vous appelez l'enfer. De quoi s'agit-il ?
s'enquiert Monsieur Bourgeois.

– De la prison où j'étais incarcérée avant d'être
transférée ici.

– Transférée ? J'ai du mal à...

– La prison m'a détruite, vous comprenez ? Mon
père n'est plus de ce monde, et je n'ai pas revu ma mère
depuis des années. Ils me manquent tant...

– Qu'est-il arrivé à votre père ?

– Mon père était un homme appauvri et fragilisé par
sa condition de quasi-paria. On lui avait collé l'étiquette
de contre-révolutionnaire. Un jour, il est venu me rendre
visite sans se douter de ce qui allait se passer. Assister à

mon arrestation a été pour lui un moment très difficile à vivre. Il s'est tué un mois plus tard en avalant de la mort aux rats. Son trépas a été lent et douloureux. J'ai tenté, moi aussi… pour mettre un terme à ma souffrance.

– Je suis navré pour votre papa. Pourquoi vous a-t-on envoyée en prison ? demande Monsieur Bourgeois.

– Il y a eu la campagne des Cent Fleurs. Mon nom est apparu sur la liste noire des personnes accusées d'activités contre-révolutionnaires. J'ai été arrêtée puis emprisonnée à Tilanqiao.

– Continuez. Qu'est-il arrivé là-bas ?

– J'ai gardé contact avec ma mère pendant mon incarcération. Je correspondais par courrier avec elle. L'administration pénitentiaire a intercepté plusieurs lettres qui lui étaient destinées. Ils ont trouvé dans mes écrits des passages qualifiant le Grand Timonier de « ver de terre puant »[5], et d'autres où j'écrivais « l'odeur de ma propre merde est bien plus délicieuse et agréable que le slogan longue vie à Mao Zedong »[6].

– Oh ! Et comment ont-ils réagi ?

– Pour commencer, ils m'ont, entre autres, privée de papier toilette. Je n'ai eu d'autre choix que de « m'essuyer le cul avec la main »[7]. Puis on m'a menottée, les mains derrière le dos, en serrant fort les menottes.

La Chinoise retrousse ses manches pour dévoiler des cicatrices aux poignets.

– J'avais également des entraves aux chevilles, poursuit-elle. À l'heure du repas, mon assiette était systématiquement déposée à côté de mon seau hygiénique, et je rampais en me tortillant sur le sol froid de ma cellule pour atteindre ma nourriture. J'ai été détenue dans ces conditions pendant plusieurs mois.
– Voilà qui explique votre inquiétante maigreur. Comment pouviez-vous trouver l'appétit en baignant dans la puanteur de vos excréments ?
– J'ai fait plusieurs grèves de la faim pendant lesquelles j'ai perdu beaucoup de poids. C'était une façon d'en finir…
– Oh !
– … mais ils finissaient toujours par m'alimenter à l'aide d'un écarteur buccal et d'un tube qu'ils introduisaient de force dans mon œsophage.
– Oh ! Ce que vous avez enduré est inhumain, révoltant, mais il faut voir votre situation positivement ; vous n'êtes plus à Tilanqiao.
– Oui, mais j'ai très peur d'y retourner…

L'Asiatique sèche les larmes qui déferlent encore sur ses joues. Monsieur Bourgeois s'approche d'elle et l'enlace sous le regard inquiet de sa femme qui marmonne aussitôt à son amie :

– Vous voyez ? Elle joue la victime pour mettre mon époux dans son lit.

L'autre valide d'un hochement de tête.

– Vous frissonnez, malheureuse, dit Monsieur Bourgeois. Sachez que vous n'avez plus rien à craindre. Vous êtes en sécurité dans un pays démocratique que rien ni personne ne vous oblige à quitter. Vous me paraissez éligible au statut de réfugiée, et je suis prêt à vous donner du travail dans l'un de mes établissements.

La Chinoise se dégage de l'étreinte de son bienfaiteur.

– C'est gentil de vouloir me rassurer mais, par pitié, ne vous moquez pas de moi. J'ai pris 20 ans pour avoir critiqué le Parti, dit-elle.
– 20 ans ? Je n'y comprends plus rien. Quel âge avez-vous ? Avez-vous bénéficié d'une réduction de peine ? Qu'avez-vous bien pu dire pour recevoir une condamnation aussi lourde ?
– Je n'ai fait que souligner les dérives totalitaires du Parti.

– Pouvez-vous être plus explicite ?

– Vous voulez un exemple ? Notre génialissime chef d'État a ordonné à son peuple, en pleine crise agricole, de tuer les moineaux pour éviter qu'ils ne mangent les graines de céréales. L'effet escompté était une hausse des rendements mais c'est l'inverse qui s'est produit ; les rendements, déjà faibles, ont chuté davantage, et la famine dont souffrait la population s'est aggravée. Notre « leader suprême » avait oublié un détail : les moineaux se nourrissent également de criquets et autres insectes ravageurs de récoltes. Résultat ; il n'y avait plus un seul oiseau dans le ciel. Quand j'y repense…

La tristesse sur le visage de l'Asiatique se dissipe. Elle place une main devant la bouche pour réprimer une envie soudaine de pouffer.

– Imaginez un peuple de 700 millions d'âmes entièrement soumis aux idées burlesques d'un tel dirigeant, rajoute-t-elle en s'efforçant de retrouver son sérieux.

Mais l'irrépressible besoin finit par prendre le dessus ; la Chinoise éclate d'un rire frénétique et se met à marcher de long en large, du bar jusqu'à la réception, de la réception jusqu'au bar, en se tenant le ventre.

– Cette femme est complètement dingue. Elle tient des propos insensés depuis le début. Je ne sais pas vous, Monsieur Bourgeois, mais moi je connais un peu l'histoire de la Chine et je peux vous assurer qu'elle nous mène en bateau. La campagne des Cents Fleurs remonte à 1957. Or, nous sommes en 2023, et je ne donne pas plus de 36 ans à cette hystérique, chuchote l'employé.

– Qu'en savez-vous ? Elle dit peut-être la vérité. Il est possible qu'elle ait vraiment subi toutes ces choses. Cela expliquerait les cicatrices, son traumatisme, le fait qu'elle n'ait plus toute sa tête.

– Ce que vous pouvez être naïf ; elle s'auto-mutile.

– Vous croyez ? Sur quoi vous basez-vous ?

– Sur une intuition… une sensation de déjà-vu.

– Sur peu de chose donc.

– Dites, vous n'avez rien remarqué d'anormal ?

– Non.

– Regardez sa chevelure.

– En effet, maintenant que vous en parlez, ses cheveux se sont éclaircis… mais où voulez-vous en venir ?

– Je ne sais pas. La voir grisonner de la sorte... ça me rappelle quelqu'un.

– Une reine peut-être ?

– Oh non ; elle n'en a pas l'étoffe.

Une quinte de toux plus violente que la première met fin au rire fou de la Chinoise. Elle se penche en avant et vomit une importante quantité de sang. Révulsées par la scène, Madame Bourgeois et son amie prennent la fuite. La première court vers l'ascenseur pour monter dans sa chambre. La deuxième s'empare d'un parapluie à l'accueil et quitte l'hôtel sans demander son reste.

– Nom de Dieu ! Écartez-vous d'elle, Monsieur Bourgeois ! Elle pourrait vous contaminer ! crie l'employé.

– Foutez-moi la paix ! Cette pauvre femme a besoin d'aide. Et vous me parliez d'humanité ? Où est passée la vôtre ? Pour votre information, je suis vacciné contre la tuberculose, tout comme vous l'êtes certainement.

– Certes, mais nous ne savons pas de quoi elle souffre réellement. Mieux vaut être trop prudent que pas assez. Cela vaut aussi pour vous, Monsieur Djougachvili, d'autant que vous faites partie des personnes à risque.

Monsieur Bourgeois fait la sourde oreille. Il tire un mouchoir pour essuyer la bouche ensanglantée de la Chinoise, aide celle-ci à s'asseoir sur un canapé à proximité, puis retourne au comptoir.

– Bon sang, ne restez pas planté là ! aboie-t-il. Appelez un médecin ou le SAMU ou qui vous voudrez mais faites quelque chose pour elle ! Et nettoyez cette moquette !

– Voilà que votre véritable nature refait surface. Vous portez bien votre nom. Je ne faisais que vous protéger, mais puisque c'est ainsi je vous laisse avec Monsieur Djougachvili. C'est l'occasion pour vous de faire sa connaissance.

Le Russe écarte son verre d'eau et dit :

– Ne partez pas si vite. Je suis déshydraté. Et tant que vous y êtes, n'oubliez pas notre ami.

L'employé sert une vodka et un baijiu puis disparaît dans la salle de petit-déjeuner.

III

Le Russe boit cul sec puis se tourne vers Monsieur Bourgeois.

– Veuillez excuser ce trouble-fête, dit-il. Au fond, il n'est pas mauvais bougre.

– J'en ai vu d'autres. Quand j'étais môme, mon patronyme me valait déjà les railleries de certains camarades de classe. J'ai eu droit à « riche », « petit-bourgeois » ou encore « bourge », des termes toujours accompagnés de noms d'oiseaux. Ce qu'il y avait de pire, c'était d'entendre ces insultes sortir de la bouche d'enfants qui étaient pourtant bien mieux lotis que moi. Mes parents n'avaient pas beaucoup d'argent. J'avais les mêmes chaussures et les mêmes habits pas chers tout au long de l'année pendant que ces petites frappes portaient régulièrement les derniers vêtements à la mode. J'ai su plus tard que leurs parents étaient socialistes. Ces endoctrinés me harcelaient à cause de mon nom de famille. J'en ai souffert un temps, mais comme disait Nietzsche : « ce qui ne vous tue pas vous rend plus fort ».

– C'est donc un traumatisme d'enfance qui vous pousse à défendre bec et ongles un système économique pourtant très injuste.

– Injuste ? Et alors ? La nature n'est-elle pas injuste elle aussi ?

– Monsieur Bourgeois, permettez-moi de faire quelques observations sur le capitalisme. Je serai bref. Commençons par remonter dans l'histoire. C'est à la fin du XVIIIe, début du XIXe siècles que le capitalisme supplante le féodalisme avec l'émergence de la bourgeoisie en tant que classe dominante en lieu et place de la noblesse et du clergé. Jusque-là constituée d'artisans-commerçants vivant du fruit de leur travail, la bourgeoisie profite de la révolution industrielle pour s'enrichir massivement. Les bourgeois abandonnent progressivement les petits ateliers d'artisan pour construire des moyens de production modernes ; les usines. À proximité de celles-ci, ils font bâtir à la hâte des logements insalubres où vont s'entasser de nombreuses familles ayant fui la paysannerie. Hommes, femmes et enfants de plus de 5 ans travaillent jusqu'à 16 heures par jour dans des conditions épouvantables pour des salaires dérisoires. D'autres embrassent les non moins épouvantables conditions de travail de mineur. L'extrême pénibilité des tâches effectuées, les accidents dans les mines et les usines, et les maladies qui se propagent dans les bidonvilles où habitent ces travailleurs diminuent considérablement leur espérance de vie. Mais qu'importe ; les bourgeois n'éprouvent aucune sorte d'empathie envers ces « petites gens » dont le quotidien sera, des décennies durant, comparable à celui d'un esclave dans une plantation, les coups de fouet en moins. Pourtant, rien dans le « contrat » entre l'employeur et l'employé ne justifie un tel déséquilibre dans le partage de la richesse créée par l'entreprise. Pour le comprendre, prenons l'exemple d'un individu ayant mis au point une invention révolutionnaire qui lui permettrait de faire fortune. Malgré son génie, cet homme serait incapable de fabriquer seul son produit, du moins à grande échelle. Son projet n'aurait aucune chance d'aboutir sans la force de travail de tierces personnes. Par conséquent, nous avons deux possibilités. Première possibilité ; ces tierces personnes comprennent qu'il existe une dépendance réciproque entre elles et l'inventeur. Elles imposent à celui-ci le partage équitable des bénéfices générés par l'entreprise comme condition sine qua non à l'apport de leur force de travail. Il y a association et coopération. Possibilité numéro deux ; elles ne prennent pas conscience de cette forte interdépendance et se subordonnent alors à l'entrepreneur en échange d'un salaire bien inférieur à la richesse générée par leur force de travail. Nous appelons aliénation l'emprise qui dépossède un travailleur des fruits de son labeur. Il y a exploitation de l'employé par l'employeur, de l'homme par l'homme.

Monsieur Djougachvili passe derrière le comptoir, s'empare de la bouteille de vodka, remplit son verre, regagne son tabouret et poursuit son monologue :

– Comprenez bien que nous prenons pour cible la bourgeoisie en tant qu'institution et non pas les individus qui la composent. Comme vous l'avez vous-même fait remarquer tout à l'heure, un homme peut naître dans la pauvreté et s'embourgeoiser ou naître au sein de la bourgeoisie et s'appauvrir, intégrer ou quitter cette « institution ». En outre, nous ne prétendons pas être plus vertueux que quiconque. Simplement, nous vous demandons de reconnaître la nature inégalitaire et injuste du système capitaliste. Et pour vous aider, je vous propose une nouvelle expérience mentale.

Il se rince le gosier et reprend :

– Considérons un territoire fermé à toute forme de commerce extérieur et d'immigration, et dont l'accroissement naturel de la population est stable ou négatif. Si vous vous demandez pourquoi stable ou négatif, j'y viendrai tout à l'heure. La classe dominante, la bourgeoisie, est composée des propriétaires des moyens de production et plus largement de personnes fortunées, que ces dernières aient hérité de leur richesse ou non. Pour que la société se développe, qu'elle progresse, il faut qu'il y ait croissance économique et par conséquent augmentation de la production en quantité et ou qualité. Pour augmenter la production, il faut davantage de main d'œuvre. Problème : la démographie est en berne et les personnes employables commencent à se faire rares. Cette pénurie déclenche une compétition acharnée entre propriétaires des moyens de production pour s'octroyer les services des travailleurs disponibles, avec pour résultat une hausse des salaires couplée à une amélioration des conditions de travail. Cela est d'autant plus nécessaire que les consommateurs des marchandises et services vendus par les entreprises sont majoritairement ceux qui sont en première ligne dans la chaîne de production. Mais l'augmentation des salaires entraîne la hausse des coûts de production, et cette dernière ne tarde pas à être répercutée sur le prix des produits commercialisés car les entreprises se doivent de conserver un niveau de marge suffisamment élevé pour dégager les liquidités nécessaires à la croissance, à l'expansion de leurs affaires. Ainsi, l'augmentation du coût de la vie, l'inflation, gèle le pouvoir d'achat des travailleurs ;

malgré la hausse des salaires, leur niveau de vie ne s'améliore pas de façon substantielle...

– Que faites-vous des avancées scientifiques et technologiques permises par le capitalisme et qui profitent également aux prolétaires sans qu'ils n'aient à débourser le moindre centime ? le coupe Monsieur Bourgeois.

– Le progrès profite à tous quand il est public et gratuit ou quand tout le monde peut aisément se l'offrir, cc qui est rarement le cas. Et si, à long terme, il y a effectivement une amélioration de la qualité de vie par rapport aux générations précédentes, de nombreux tourments propres à la vie de prolétaire demeurent, et les inégalités continuent de s'accroitre. Mais reprenons. Ne voyant pas sa situation évoluer, le prolétaire rêve alors d'intégrer la bourgeoisie, le « modèle à suivre ». Car tôt ou tard la volonté de diriger plutôt que d'être dirigé, de dominer plutôt que d'être dominé, finit par naître en lui. C'est ainsi que démarre la course à la « réussite » au cours de laquelle des myriades d'hommes et de femmes s'efforcent de devenir des bourgeois. De grimper toujours plus haut l'échelle sociale, quoi qu'il en coûte. Et lorsqu'on ne parvient pas à devenir un bourgeois, on fait ce que l'on peut pour lui ressembler. Ainsi s'établit, dans toute la société, la dictature des apparences. Et tout ce processus est régi par une loi universelle ; la loi de l'unité des contraires, ou loi de l'unité des opposés, loi selon laquelle rien ne peut exister sans son contraire, la suppression de l'un entraînant la disparition de l'autre. En effet, supprimer l'un des opposés revient à supprimer la base de comparaison qui permet à l'autre d'exister. Tout comme pour bien et mal, amour et haine, beauté et laideur ou encore majorité et minorité, prolétariat et bourgeoisie ne peuvent exister l'un sans l'autre. Les deux forment une unité des contraires au sein de laquelle ils s'attirent et s'opposent à la fois. Au sein de laquelle ils se livrent à une lutte ; la lutte des classes.

Le Russe vide son verre de vodka et s'en ressert un autre.

– Poursuivons. À présent, qu'arrive-t-il si ce même territoire décide d'ouvrir ses portes à un afflux de travailleurs immigrés ? C'est très simple ; la pénurie de main-d'œuvre disparaît et, avec elle, disparaît la nécessité d'augmenter les salaires pour attirer de nouveaux collaborateurs. Si l'on ajoute à cela l'ouverture au commerce extérieur, à la concurrence internationale, qui implique que les travailleurs dudit territoire soient également en compétition avec leurs semblables vivant à l'étranger, autrement dit si l'on ajoute de nouvelles pressions à la baisse sur les salaires, on comprend que le pouvoir d'achat des salariés ne peut que stagner ou s'éroder. Mais les contradictions propres au capitalisme ne s'arrêtent pas là. L'un des piliers du système capitaliste est la propriété privée. Le caractère transmissible de celle-ci semble, au premier abord, bénéfique pour la prospérité du peuple. En effet, le patrimoine des travailleurs s'accroît de génération en génération par le biais du droit à l'héritage. Mais ce processus d'enrichissement au cours duquel un territoire se transforme en pays d'héritiers n'est pas viable. Je m'explique. Si autrefois les ouvriers se tuaient à la tâche, c'est précisément parce qu'ils étaient issus de familles pauvres et de grandes fratries. Pour eux, à l'époque, ce filet de sécurité que représente aujourd'hui l'héritage était insignifiant car le « gâteau », quand il existait, devait être partagé entre les nombreux frères et sœurs. Chaque part était une miette. Mais au fil des générations le poids de l'héritage dans le patrimoine des travailleurs n'a cessé d'augmenter, un phénomène largement alimenté par la baisse de la natalité et l'augmentation du nombre d'enfants uniques. Aujourd'hui, une partie considérable de la population s'est enrichie sans même lever le petit doigt, grâce au droit à l'héritage. Choyés par des parents inquiets de voir leur progéniture subir les affres de la vie de prolétaire, ces enfants rois ne sont plus disposés à exécuter des tâches dangereuses, ennuyeuses et ou répétitives, à se faire exploiter comme leurs parents et grands-parents. Ces nouvelles générations embourgeoisées par l'héritage aspirent à devenir des chefs d'entreprise, des rentiers, des starlettes, sinon à s'adonner à l'oisiveté. Ces néo-bourgeois perpétuent et amplifient ce cercle vicieux en faisant peu ou pas d'enfants, par égoïsme et individualisme, parce qu'ils veulent faire carrière et profiter de la vie plutôt que de la donner, parce qu'ils ne veulent pas s'embarrasser des contraintes inhérentes à l'éducation d'un enfant. Ce sont les « incapables » dont vous parliez, Monsieur Bourgeois. Mais voilà que le système se grippe, qu'il s'auto-asphyxie ; si le capitalisme dépend des petites mains calleuses qui fabriquent, qui produisent toujours plus en échange du minimum vital, et que ces petites mains sont de moins en moins nombreuses, sa survie n'est-elle pas menacée ? À ce système moribond, nous voulons substituer le communisme.

Il boit une petite gorgée. Bruit d'ascenseur qui redescend. Madame Bourgeois revient avec un masque sur le visage.

– J'ai alerté les autorités. Cette chintok doit être emmenée d'urgence et examinée, annonce-t-elle en pointant son doigt sur l'Asiatique.

Mais personne ne fait cas de ses paroles. L'employé réapparaît à son tour avec un seau d'eau javellisée et un chiffon. Il s'accroupit et commence à frotter la tache de sang sur la moquette. Monsieur Djougachvili reprend son discours comme si de rien n'était :

– Le communisme tel que l'envisageait Marx est une société où les classes sociales, la propriété privée, l'argent, l'État et les nations ne sont plus que de l'histoire ancienne. Tout est public, rien n'appartient à l'individu. Tout est gratuit, l'argent n'existe plus. Le crime a disparu car la propriété privée, de tout temps génératrice de cupidité et de conflits, a été abolie. Tous les citoyens sont égaux en droits et sur le plan économique. Chaque citoyen travaille pour le groupe, pour la société dans son ensemble. Tout est produit en fonction de la demande, des besoins et des envies de chacun. « De chacun selon ses capacités, à chacun selon ses besoins ». Le communisme n'a jamais existé et ne saurait être atteint sans passer par une phase de transition durant laquelle toutes les conditions nécessaires à son avènement seront mises en place. Cette phase de transition est la dictature du prolétariat, plus connue sous le nom de socialisme. L'une des conditions de la réussite du communisme est la complète automatisation de la production. Or, et c'est une bonne nouvelle, nous ne sommes plus qu'à quelques encablures d'un monde où la quasi-totalité des services et biens de consommation seront produits par des machines intelligentes !

Monsieur Bourgeois se met à rire et lance :

— Vous ne cherchez même pas à dissimuler votre extrémisme. Pourquoi refusez-vous d'accepter le monde tel qu'il se présente à vous ? La nature est hiérarchique et inégalitaire ; chez les fourmis et les abeilles, les ouvrières servent la reine. Chez les loups, le mâle et la femelle alpha dominent la meute. Pourquoi vouloir qu'il en soit autrement pour l'humanité ?

— Vous me rappelez Adolf. Il avait cette fâcheuse tendance à tout rapporter à la nature quand ça l'arrangeait.

— Qu'est-ce que vous dites ?

L'employé s'arrête de frotter et répond :

— Que le Führer refusait de voir les contradictions. Hitler croyait à la loi de la nature et à la supériorité de la race aryenne sur toutes les races. Dans Mein Kampf, il écrit ceci : « la conception raciste fait place à la valeur des diverses races primitives de l'humanité. En principe, elle ne voit dans l'État qu'un but qui est le maintien de l'existence des races humaines. Elle ne croit nullement à leur égalité, mais reconnaît au contraire et leur diversité, et leur valeur plus ou moins élevée. Cette connaissance lui confère l'obligation, suivant la volonté éternelle qui gouverne ce monde, de favoriser la victoire du meilleur et du plus fort, d'exiger la subordination des mauvais et des faibles. Elle rend ainsi hommage au principe aristocratique de la nature et croit en la valeur de cette loi jusqu'au dernier degré de l'échelle des êtres. Elle voit non seulement la différence de valeurs des races, mais aussi la diversité de valeurs des individus. De la masse se dévoile pour elle la valeur de la personne, et par cela elle agit comme une puissance organisatrice en présence du marxisme destructeur. Elle croit nécessaire de donner un idéal à l'humanité, car cela lui paraît constituer la condition première pour l'existence de cette humanité. Mais elle ne peut reconnaître le droit d'existence à une éthique quelconque, quand celle-ci présente un danger pour la survie de la race qui défend une éthique plus haute ; car, dans un monde métissé et envahi par la descendance de nègres, toutes les conceptions humaines de beauté et de noblesse, de même que toutes les espérances en un avenir idéal de notre humanité, seraient perdues à jamais. La culture et la civilisation humaines sont sur ce continent indissolublement liées à l'existence de l'Aryen. Sa disparition ou son amoindrissement feraient descendre sur cette terre les voiles sombres d'une époque de barbarie. Mais saper l'existence de la civilisation humaine en exterminant ceux qui la détiennent, apparaît comme le plus exécrable des crimes. Celui qui ose porter la main sur la propre image du Seigneur dans sa forme la plus haute, injurie le Créateur et aide à faire perdre le paradis. La conception raciste répond à la volonté la plus profonde de la nature, quand elle rétablit ce libre jeu des forces qui doit amener le progrès par la sélection. Un jour, ainsi, une humanité meilleure, ayant conquis ce monde, verra s'ouvrir librement à elle tous les domaines de l'activité. Nous sentons tous que, dans un avenir éloigné, les hommes rencontreront des problèmes que, seul, pourra être appelé à résoudre un maître-peuple de la plus haute race, disposant de tous les moyens et de toutes les ressources du monde entier »[8].

Il se redresse, jette le chiffon dans le seau, retire ses gants en caoutchouc et poursuit :

— Cette dernière phrase devrait suffire à vous convaincre, si ce n'est déjà fait, des réelles intentions du Führer ; la conquête du monde et la subjugation puis l'extermination des autres « races ». Mais ce sont les contradictions dans les propos d'Hitler qui nous intéressent. Si l'on raisonne comme un nazillon, si l'on se fie aveuglément aux lois de la nature, on doit conclure que l'Aryen, l'individu blanc et blond aux yeux bleus, est plus « faible » et non pas plus fort que l'individu à la peau et aux yeux sombres. Car les lois de la génétique, partie intégrante de l'ensemble des lois de la nature, sont sans appel ; un allèle codant pour les yeux noirs est dominant, celui qui code pour les yeux bleus est récessif. Même chose pour les gènes exprimant la couleur de la peau ou des cheveux. Autrement dit, les trois principales caractéristiques physiques de l'Aryen s'effacent lorsqu'il y a métissage. À la lumière de la logique raciste, la race aryenne apparaît comme génétiquement plus faible, comme une race « inférieure » qui, pour satisfaire à la volonté la plus profonde de la nature, doit disparaître et non pas être préservée. Ridicule, n'est-ce pas ? Là où je veux en venir, Monsieur Bourgeois, c'est qu'il faut interpréter les lois naturelles avec des pincettes car le monde est rempli de contradictions qui nous échappent ou que l'on fait semblant d'ignorer.

– C'est de mieux en mieux… Ça ne finit pas son travail et ça récite du Mein Kampf, dit Monsieur Bourgeois.

– Et ça se permet de répondre à ma place, ajoute le Russe d'un air agacé.

– Monsieur Bourgeois, si vous n'êtes pas satisfait, vous n'avez qu'à faire le boulot vous-même. Parfois, on a beau frotter, frotter, frotter, la tache ne part pas. Dans ces cas-là, inutile de tergiverser ; il faut se débarrasser de la moquette. Quant à vous, Monsieur Djougachvili, je vous demande de pardonner mon impolitesse. Cela ne se reproduira plus.

— Pardon accordé. Bien, continuons. À l'époque, mon jeune ami Adolf était…

— Votre jeune ami ? Et c'est moi que l'on accuse de sympathiser avec le nazisme ? l'interrompt Monsieur Bourgeois.

— Vous faites bien de me reprendre. Le mot ami n'est pas approprié. Disons qu'Adolf et moi étions sur la même longueur d'onde géographique jusqu'à ce qu'il me poignarde dans le dos.

— Vous prétendez avoir connu le Führer de son vivant ?

— Je n'ai jamais rencontré Adolf mais nous avons conclu un accord par le biais d'intermédiaires.

— Quel âge avez-vous ?

— 144 ans.

— Vous êtes bien entamé, je vous le concède, mais je ne vous donne pas plus de 80 ans.

Monsieur bourgeois se tourne vers l'employé et lui souffle :

– Vous aviez raison. Ce vieillard est plein de qualités et, cerise sur le gâteau, il ne manque pas d'humour. Je commence à l'apprécier.

Le Russe se caresse la moustache et répond :

– Je suis à la retraite depuis l'âge de 74 ans. J'ai passé la moitié de mon existence à faire des choses qui me tiennent réellement à cœur, notamment prendre soin de ma Nadejda de qui le destin m'a séparé pendant plus de 20 ans. Ceci explique ma longévité et mon apparente jeunesse. Car le travail, ce n'est pas la santé. Le travail tue. Par travail, j'entends celui que l'on effectue par nécessité, par obligation, le travail comme moyen de subsistance, celui-là même que nous allons abolir. Mais revenons-en à notre sujet. À l'époque donc, Hitler était clairement sous l'influence de Nietzsche. Dans Ainsi parlait Zarathoustra, Nietzsche écrit « l'homme n'existe que pour être dépassé »[9] et « la vie humaine est sinistre et toujours dénuée de sens »[10]. Nietzsche se voyait comme un nouveau prophète qui enseignerait aux hommes « le sens de leur existence »[11], c'est-à-dire « le Surhumain, l'éclair qui doit jaillir de la lourde nuée humaine »[12]. Une nouvelle religion donc. La religion du Surhumain. Pour Nietzsche comme pour Hitler, l'homme est « une corde tendue entre la bête et le Surhumain »[13], une phase de transition à dépasser afin

« que la terre soit un jour l'empire du Surhumain »[14]. Il va sans dire qu'Hitler s'était fixé comme objectif de faire de l'Aryen le Surhumain. Mais les similitudes entre la pensée de Nietzsche et celle d'Hitler ne s'arrêtent pas là. Nietzsche détestait l'homme communiste qu'il appelait le « Dernier Homme »[15] et qu'il considérait comme « ce qu'il y a de plus méprisable au monde »[16]. Toujours dans son poème philosophique, il écrit que les Derniers Hommes auront, je cite : « abandonné les contrées où la vie est dure ; car on a besoin de chaleur. On aimera encore son prochain et l'on se frottera contre lui, car il faut de la chaleur… On travaillera encore, car le travail distrait. Mais on aura soin que cette distraction ne devienne jamais fatigante… On ne deviendra plus ni riche ni pauvre ; c'est trop pénible. Qui donc voudra encore gouverner ? Qui voudra obéir ? L'un et l'autre sont trop pénibles. Pas de berger et un seul troupeau ! Tous voudront la même chose, tous seront égaux ; quiconque sera d'un sentiment différent entrera volontairement à l'asile des fous »[17]. Quant à Hitler, c'est sa haine du marxisme qui l'a poussé à haïr les juifs et non pas l'inverse. D'ailleurs, il aurait pu tout aussi bien haïr les Français ou les Anglais car, si Karl Marx a effectivement grandi dans une famille juive, il n'est pas le père fondateur du communisme. On retrouve l'empreinte de cette idéologie dans la pensée de Babeuf, de Thomas Moore, ou encore de Platon, pour ne citer que quelques penseurs communistes ayant précédé Marx de plusieurs décennies voire plusieurs siècles.

L'employé applaudit avec enthousiasme et s'exclame :

– Quel érudit vous faites, Monsieur Djougachvili ! Et quel homme mesquin que ce Nietzsche !

Le Russe lève une main pour stopper les applaudissements avant de continuer :

– Certes. Mais il y a du bon et du mauvais, du vrai et du faux dans chaque être, chaque chose, chaque phénomène de la nature, y compris dans les idées de Nietzsche et d'Hitler. Et le communisme, c'est aussi cela ; prendre le bon et rejeter le mauvais. C'est synthétiser les idées justes de chaque individu et de chaque peuple pour bâtir un monde nouveau, le meilleur des mondes.
– Votre monde nouveau est un doux rêve sur le papier, lâche Monsieur Bourgeois. Sur le terrain, il ressemble davantage à une contrée misérable où l'on mange des cadavres pour faire taire son estomac. Vous n'avez pas tiré les leçons de l'histoire de votre pays.

– L'URSS a commis quelques erreurs par le passé. Tout comme la Chine. Les deux pays ont appris à utiliser le capitalisme pour précipiter l'avènement du communisme. Et c'est ce que fait également l'Occident. Une société communiste ne sera possible qu'à condition d'atteindre un niveau de développement humain très avancé. Niveau qui nécessite, entre autres conditions, une production de biens et de services entièrement automatisée et assez abondante pour couvrir les besoins de toute l'humanité, l'abolition de la propriété privée, la disparition des nations, ou encore un traducteur universel en temps réel qui fera tomber partout la barrière de la langue. Cela pourrait prendre des décennies, voire des siècles, mais c'est vers ce monde-là que nous évoluons. Entre-temps, il faudra inciter les masses populaires à travailler dur, à entreprendre et innover. Nous devrons lutter contre l'oisiveté et…

– Vous rejoignez ce que je disais tout à l'heure. Vous admettez que l'oisiveté est un problème, en particulier chez les jeunes générations.

– L'oisiveté des jeunes a du bon et du mauvais. Ils sont oisifs parce qu'ils se détournent des métiers pénibles, répétitifs et ennuyeux, des métiers qui à leurs yeux manquent de sens. Ils rejettent le travail comme moyen de subsistance, ce qui est positif. Le mauvais côté est qu'ils s'habituent à ne rien faire. Il faut qu'ils se donnent les moyens d'exercer une activité qui les passionne et qui, en même temps, contribue à l'accélération du développement humain.

– Comment comptez-vous convaincre les spécimens les plus paresseux ?

– Il existe plusieurs méthodes pour rééduquer les tire-au-flanc, pour leur faire adopter les bonnes habitudes. Les Chinois, par exemple, ont instauré un système de crédit social qui vise à redonner au mérite une place prépondérante dans la société. Son fonctionnement peut se résumer de la façon suivante ; plus un citoyen œuvre pour le bien commun, plus son score social augmente. Plus ce score est élevé, plus il dispose d'avantages, et inversement.

– Arrêtez cette propagande. Nous ne sommes pas en Chine mais dans le monde libre, dit Monsieur Bourgeois.

Le Russe finit son verre et réplique :

– Qu'importe l'endroit où vous vivez, qu'il s'agisse d'une social-démocratie ou d'un pays ouvertement communiste, un ensemble de « mesures économiquement insuffisantes et insoutenables »[18] mèneront progressivement à L'ABOLITION DE LA PROPRIÉTÉ PRIVÉE ET DU DROIT À L'HÉRITAGE. Par propriété privée nous entendons entreprises, terres, immeubles, appartements, maisons, moyens de transport, etc. Tout ce qui est de la matière inerte, tout ce qui n'est pas de l'ordre du vivant, deviendra public. La propriété privée sera remplacée par le droit d'utiliser les différents biens et services. Dans un premier temps, certains biens et services seront gratuits et d'autres seront accessibles moyennant une somme d'argent reversée à l'État. Chaque citoyen aura des droits et des devoirs, notamment le devoir de penser et d'agir dans l'intérêt de tous, pour la prospérité commune.

– Comment allez-vous vendre votre utopie aux peuples du monde entier, à ces milliards d'individus dont les préoccupations sont à mille lieux de vos projets politiques burlesques ? De quelle façon comptez-vous imposer votre projet de société à des masses prolétariennes qui sont pour la plupart encore très attachées à leurs traditions, à « l'ancien monde » que vous voulez faire disparaître ? demande Monsieur Bourgeois.

Le Russe pousse un soupire d'exaspération et dit :

– Nous n'imposons rien. Nous nous contentons de transformer les esprits par la propagande. Et ce n'est pas bien difficile. Comme disait Marx, les prolétaires n'ont, dans cette société capitaliste, « rien à perdre que leurs chaînes »[19]. La plupart d'entre eux ne trouveront jamais le bonheur dans un monde où l'individualisme, l'argent et les biens matériels sont rois, dans une société qui valorise l'individu en fonction de son statut social et de ce qu'il possède. Si vous n'aviez pas des revenus confortables, votre femme serait-elle avec vous aujourd'hui ? Nous connaissons tous les deux la réponse à cette question. Vous avez le droit d'objecter, de clamer haut et fort que vous n'êtes pas…

Madame Bourgeois, à l'écart des autres par souci de « distanciation sociale » mais toujours à l'écoute, bondit du fauteuil dans lequel elle s'était affalée et s'exclame :

– Pauvre type ! Ce que vous insinuez est ridicule ! J'aime profondément et sincèrement mon mari. Qu'il soit riche ou pauvre ne changerait rien à l'amour que j'ai pour lui, amour qui ne tarira jamais. Je ne suis pas de ces gens-là !

Ayant capté l'attention de son interlocuteur, elle se rassoit.

– Chère Madame, supposons que l'État mette le nez dans les affaires de votre mari et que celui-ci soit obligé de fermer ses établissements pour non-respect des normes. Face à cette épreuve, votre famille vous vient en aide mais votre époux se retrouve rapidement sans argent et sans domicile. Une semaine passe et il vous recontacte. Vous lui manquez. Vous acceptez le rendez-vous car vous « aimez » votre mari. Il est heureux de vous revoir et, pour vous faire plaisir, il vous propose une promenade romantique, votre activité en amoureux préférée. Vous marchez dans la rue main dans la main avec un homme qui porte des vêtements sales et qui ne s'est pas lavé depuis plusieurs jours. Son allure négligée et l'odeur infecte qui émane de lui, en total contraste avec votre apparence soignée, ne manquent pas d'attirer l'attention. À présent, Madame Bourgeois, répondez : combien de temps allez-vous supporter les regards qui se posent sur vous et qui semblent vous amalgamer à la créature crasseuse et puante qui vous sert de mari ? Soyez honnête et admettez que l'idée d'être aperçue en compagnie d'un tel rebut de la société vous indispose, quand bien même celui-ci serait votre mari, et que la vigueur de vos sentiments pour cet homme ici présent n'est pas sans rapport aucun avec celle de son compte en banque, dit Monsieur Djougachvili.

– Vos boniments m'importent peu, vous n'êtes qu'un vieillard aigri et jaloux. En vérité, vous me faites de la peine ; aucune femme ne voudrait baiser avec vous !

– N'en prenez pas trop à votre aise, Madame. Restez courtoise. Puisque le sujet vous fâche, je suggère de passer à la suite.

– Ah non ! Mettez-la en sourdine ! Par pitié ! implore Madame Bourgeois.

– Allons, ce sera l'occasion de faire la lumière sur un dernier point, un point essentiel. Vous n'allez pas le regretter.

Un moment de silence s'ensuit.

– Eh bien ? Qu'avez-vous, vieil homme ? Ça ne va pas ? demande Monsieur Bourgeois.

– Donnez-moi un instant.

Le Russe zigzague en direction de l'ascenseur pour remonter dans sa chambre.

IV

Monsieur Djougachvili réapparaît quelques minutes plus tard en brandissant un petit livre intitulé « Le Marxisme et la Question nationale ».

– Ma mémoire n'est plus ce qu'elle était. Aussi, permettez-moi de vous lire quelques extraits d'un petit ouvrage qui figure toujours sur ma table de chevet, et que j'ai moi-même écrit il y a une éternité. Cette lecture ne sera pas très longue et vous permettra de mieux naviguer à travers le brouillard politique, d'aller vous coucher un peu moins « politiquement arriérés » si j'ose dire. Je vais commencer par le passage qui donne de l'urticaire aux racistes du monde entier.

Il se racle la gorge et lit à haute voix :

– « Qu'est-ce que la nation ? La nation c'est avant tout une communauté, une communauté déterminée d'individus. Cette communauté n'est pas de race, ni de tribus. L'actuelle nation italienne a été formée de

Romains, de Germains, d'Étrusques, de Grecs, d'Arabes, etc. La nation française s'est constituée de Gaulois, de Romains, de Bretons, de Germains, etc. Il faut en dire autant des Anglais, des Allemands et des autres, constitués en nations avec des hommes appartenant à des races et à des tribus diverses. Ainsi, la nation n'est pas une communauté de race ni de tribu, mais une communauté d'hommes historiquement constituée. »[20]

Il marque une pause pour faire un commentaire :

– Les chamboulements dans le paysage ethnique du monde occidental ces dernières décennies étaient planifiés. À mesure que nous rendions les frontières plus poreuses, les flux migratoires se sont intensifiés, permettant ainsi le mélange des « races » et des cultures. Cette hybridation ethnique, que les réactionnaires français nomment « le grand remplacement », fut accompagnée, cela va de soi, de campagnes de propagande promouvant la mixité sociale.

Il entame la lecture d'un deuxième extrait :

– « Les ouvriers sont intéressés à la fusion complète de tous leurs camarades en une seule armée internationale, à leur prompte et définitive libération de la servitude morale à l'égard de la bourgeoisie, au total et libre développement des forces morales de leurs compagnons, à quelque nation qu'ils appartiennent. Aussi, les ouvriers luttent-ils et continueront-ils de lutter contre la politique d'oppression des nations sous toutes ses formes, depuis les plus subtiles jusqu'aux plus brutales, de même que contre la politique d'excitation sous toutes ses formes. Aussi, la social-démocratie de tous les pays proclame-t-elle le droit des nations à disposer d'elles-mêmes. Le droit de disposer de soi-même, c'est-à-dire : seule la nation elle-même a le droit de décider de son sort, nul n'a le droit de s'immiscer par la force dans la vie de la nation, de détruire ses écoles et autres institutions, de briser ses us et coutumes, d'entraver l'usage de sa langue, d'amputer ses droits. Cela ne veut pas dire assurément que la social-démocratie soutiendra toutes les coutumes et institutions possibles et imaginables de la nation. Luttant contre les violences exercées sur la nation, elle ne défendra que le droit de la nation à décider elle-même de son sort, tout en faisant de l'agitation contre les coutumes et institutions nocives de cette nation, afin de permettre aux couches laborieuses de ladite nation de s'en affranchir. Le droit de disposer de soi-même, c'est-à-dire que la nation peut s'organiser comme bon lui semble. Elle a le droit d'organiser sa vie suivant les principes de l'autonomie. Elle a le droit de lier avec les autres nations des rapports fédératifs. Elle a le droit de se séparer complètement. La nation est souveraine, et toutes les nations sont égales en droits. Cela ne veut pas dire assurément que la social-démocratie défendra n'importe quelle revendication de la nation. La nation a le droit de retourner même à l'ancien ordre de choses, mais cela ne signifie pas encore que la social-démocratie souscrira à une semblable décision de telle ou telle institution de la nation envisagée. Les devoirs de la social-démocratie qui défend les intérêts du prolétariat et les droits de la nation constituée par diverses classes sont deux choses différentes. Luttant pour le droit des nations à disposer d'elles-mêmes, la social-démocratie s'assigne pour but de mettre un terme à la politique d'oppression de la nation, de la rendre impossible et de saper ainsi la lutte des nations, de l'émousser, de la réduire au minimum. C'est ce qui distingue essentiellement la politique du prolétariat conscient de la politique de la bourgeoisie, qui cherche à approfondir et attiser la lutte nationale, à poursuivre et accentuer le mouvement national. C'est pour cela précisément que le prolétariat conscient ne peut se ranger sous le drapeau "national" de la bourgeoisie [...] Les destinées du mouvement national bourgeois quant à son fond, sont naturellement liées au sort de la bourgeoisie. La chute définitive du mouvement national n'est possible qu'avec la chute de la bourgeoisie. La paix totale ne peut être instaurée que sous le règne du socialisme [...] La nation a le droit de décider librement de son sort. Elle a le droit de s'organiser comme bon lui semble, sans empiéter, bien entendu, sur les droits des autres nations. Cela est indiscutable. Mais comment précisément doit-elle s'organiser, quelles formes doit épouser sa future constitution, si l'on tient compte des intérêts de la majorité de la nation, et, avant tout, du prolétariat ? La nation a le droit d'organiser son autonomie, elle a le droit même de se séparer. Mais cela ne veut pas encore dire qu'elle doive le faire quelles que soient les conditions ; que l'autonomie ou la séparation seront toujours et partout avantageuse à la nation, c'est-à-dire à sa majorité, c'est-à-dire aux couches travailleuses [...] Mais quelle est la solution la plus compatible avec les intérêts des masses travailleuses ? Est-ce l'autonomie, la fédération ou la séparation ? Autant de problèmes dont la solution dépend des conditions historiques concrètes entourant la nation donnée. Bien plus. Les conditions comme toutes choses se modifient, et une solution juste pour un moment donné peut s'avérer tout à fait inacceptable pour un autre moment »[21].

Il marque une deuxième pause et demande :

– Vous me suivez, Monsieur Bourgeois ?

– J'avoue n'avoir pas tout compris à votre charabia.

– Résumons. Par social-démocratie de tous les pays nous entendons l'Internationale communiste. Celle-ci défend en priorité les intérêts du prolétariat. C'est précisément pour en finir avec la lutte des nations qu'elle soutient les peuples opprimés dans leur combat pour l'autonomie ou l'indépendance. Autrement dit, c'est en accordant à chaque nation le droit d'exister que les nations cesseront de se faire la guerre les unes aux autres. Mais l'harmonie ne peut être que temporaire car la division du monde en nations annihile tout espoir de paix éternelle.

Le Russe verse dans son verre ce qui reste de vodka dans la bouteille et continue :

– Voilà pourquoi, dans le Manifeste du Parti communiste, Marx et Engels écrivent : « Les communistes enfin travaillent partout à l'union et à l'entente des partis démocratiques de tous les pays. »[22] Mais comment unifier tous les peuples de la terre ? Comment procéder pour que des milliards d'individus aux coutumes, religions et langues différentes ne forment plus qu'un seul et unique peuple, le PEUPLE HUMAIN ? Deux méthodes se distinguent. La première favorise la formation d'États multinationaux comme condition préalable à la création future d'un État mondial. L'État multinational est composé de plusieurs nations se partageant un même territoire. Selon cette conception des choses, la nation est avant tout une communauté d'individus partageant la même langue et les mêmes coutumes ; elle peut donc exister sans posséder de territoire propre. Elle dispose d'une certaine autonomie culturelle au sein de l'État multinational, mais jamais d'autonomie d'ordre politique. C'est ce que l'on appelle « l'autonomie culturelle-nationale »[23]. Les individus appartenant à une nation donnée sont généralement dispersés sur tout le territoire de l'État multinational et vivent aux côtés d'individus appartenant à d'autres nations. C'est le « vivre ensemble ». L'État multinational est donc un État multiculturel, multiethnique, au sein duquel les diverses nations qui le composent s'imprègnent des influences culturelles les unes des autres. Il y a hybridation culturelle et ethnique. J'en viens à la deuxième méthode. De manière contre-intuitive, celle-ci consiste à octroyer aux peuples de la terre l'indépendance ou l'autonomie régionale.

Monsieur Djougachvili parcourt son petit livre à la recherche d'un nouvel extrait, puis lit un paragraphe :

– « L'avantage de l'autonomie régionale consiste tout d'abord en ceci : avec elle on a affaire non à une fiction sans territoire, mais à une population déterminée, vivant sur un territoire déterminé. Ensuite, elle ne délimite pas les individus par nations, elle ne renforce pas les barrières nationales ; au contraire elle ne fait que démolir ces barrières et grouper la population pour ouvrir la voie à une délimitation d'un autre genre, à la délimitation par classes. Enfin, elle permet d'utiliser de la façon la meilleure les richesses naturelles de la région et de développer les forces productives sans attendre les décisions du centre commun. »[24]

Le Russe referme son livre, le range dans sa poche, et conclut :

– L'autonomie régionale implique de mettre l'emphase sur la culture historique d'une région donnée non pas pour renforcer le nationalisme mais pour le neutraliser. C'est en garantissant au peuple sa souveraineté et la préservation de son identité que celles-ci cesseront d'être des sujets de lutte. À l'instar d'un enfant obsédé par un jouet qu'il ne possède pas, et qui s'émerveille encore au moment où l'on le lui offre, mais qui finit par jeter son dévolu sur autre chose une fois le jouet en sa possession, le peuple détournera son attention de la cause nationaliste pour se consacrer pleinement à la lutte des classes. Finalement, qu'ils soient partisans d'une méthode ou d'une autre, les socialistes sont internationalistes et ont pour objectif ultime la fusion des nations en une communauté socialiste mondiale qui elle-même évoluera vers une société communiste. Il s'agit donc de défragmenter le monde en blocs toujours moins nombreux et toujours plus vastes, jusqu'à ce qu'il ne reste plus qu'un seul bloc ; la communauté de destin pour l'humanité. L'Union européenne est l'un de ces blocs. Elle a été créée pour cette raison, pour défragmenter l'Europe.

– Je ne sais quoi penser de vos théories. Il semblerait que l'Occident ait adhéré au modèle de l'État multinational. Ces idées politiques d'extrême gauche amènent sur notre territoire des hordes de migrants dont on ne sait rien et, avec eux, le fanatisme religieux, le communautarisme, le séparatisme, le nationalisme. Où est l'unité tant recherchée ? Tout cela est contre-productif et dangereux. Les islamistes n'ont que faire de vos projets utopiques, ils avancent leurs pions. La guerre civile n'est plus très loin. Nous vivons dans une poudrière et vous autres gauchistes en êtes les responsables, observe Monsieur Bourgeois.

– Je comprends très bien votre inquiétude. Le fondamentalisme est un problème au même titre que le racisme et l'individualisme. Et vous vous demandez comment le résoudre. De mon temps, nous avions les fosses à problèmes.

– Que voulez-vous dire, Monsieur Djougachvili ?

– La mort résout tous les problèmes. Pas d'hommes, pas de problèmes.

Le Russe sourit et ajoute :

– Cette époque et ces procédés sont révolus, mais il existe des solutions moins radicales qui étaient déjà utilisées à cette même époque. Dans mon pays nous avions instauré le passeport intérieur qui permettait d'identifier les individus, de connaître leur lieu de résidence, de contrôler leurs déplacements sur tout le territoire et de…
– Nous avons déjà une carte d'identité. Je ne vois pas comment un simple document pourrait empêcher certaines personnes d'être une menace pour les autres, l'interrompt Monsieur Bourgeois.
– Ce n'est qu'une solution parmi d'autres. Plusieurs pays, y compris le vôtre, ont récemment testé ce système. Il ne s'agit pas de la carte d'identité. Vous appeliez cela un pass sanitaire. Mais votre observation est juste ; c'est insuffisant. Nous devons éradiquer l'origine du mal, l'origine des comportements antisociaux ; l'ignorance. L'éducation, primordiale pour la cohésion sociale, doit commencer dès le plus jeune âge car le cerveau du nouveau-né est une page vierge sur laquelle vont s'imprimer, tout au long de sa vie, les idées qui formeront son esprit à un instant T. En effet,

qu'est-ce qu'un homme si ce n'est son esprit ? Et qu'est-ce que l'esprit de l'homme si ce n'est un assemblage complexe d'idées assimilées au cours de son existence ? Chaque être humain n'est-il pas un amalgame d'idées tirées de l'esprit d'hommes et de femmes issus de divers milieux, contrées et époques ? En vérité, il n'existe pas d'esprit capable de fonctionner indépendamment de la connaissance amassée par l'humanité depuis l'aube des temps. Le cerveau d'un homme est à l'humanité ce qu'un ordinateur est à internet. De la même façon, il n'existe pas réellement de territoires ou pays indépendants. L'indépendance telle que la conçoit notre imaginaire impliquerait un isolement total, c'est-à-dire zéro interaction, zéro contact avec l'extérieur, l'autosuffisance pour tous types de besoins, et le rejet de toute forme d'ingérence étrangère, ce qui est impossible. Aucun pays au monde n'échapperait à une pandémie ou à l'explosion d'une centrale nucléaire dans un pays limitrophe. Les nuages radioactifs et les virus ne connaissent pas les frontières car tout ce qui « est », tout ce qui existe, tout ce dont l'existence peut être prouvée, y compris l'esprit de l'homme, n'est qu'un amas de matière en constante interaction et transformation. Cette matière est continue, infinie et éternelle ; elle n'a jamais eu de début et n'aura jamais de fin. Et si la matière n'est pas discontinue, cela signifie que je suis une partie de vous et que vous êtes une partie de moi !

– Quelle horreur ! Ce vieillard sénile et alcoolique serait… une partie de moi ? Ce gueux au visage grêlé ? J'ai envie de vomir ! J'en ai plus qu'assez de l'entendre débiter des inepties ! Qu'il s'en aille ! vocifère Madame Bourgeois.

– S'il te plaît, ma chérie ! Ne sois pas désagréable avec Monsieur Djougachvili.

– Ce n'est rien, Monsieur Bourgeois. J'ai l'habitude. Au moment même où je suis arrivé, j'ai remarqué dans le regard de votre épouse que mon faciès la dérangeait. Je l'indispose, je lui fais peur, ce qui n'a rien d'extraordinaire. Quel homme ou quelle femme n'a jamais ressenti de la peur ou une gêne en présence d'un inconnu, d'un étranger, de quelqu'un qui ne partage pas sa langue, sa culture, ses idées, ses références, etc. ? Pourtant, ce sentiment n'a rien de rationnel. Ce que l'on nomme d'ordinaire « notre culture » n'est ni plus ni moins qu'une variante, une composante de la seule et unique réelle culture, la culture humaine. Quel que soit le pays dans lequel vous vivez, vous profitez quotidiennement d'un héritage commun à toute l'humanité ; les fruits du génie inventif d'hommes et de femmes ayant vécu à diverses époques et dans diverses régions du monde. Les mathématiques, l'écriture, le commerce, l'agriculture, l'élevage, la navigation, la médecine, la politique, ou encore la musique, la danse et la peinture sont des inventions humaines antérieures à notre ère et utilisées encore aujourd'hui partout dans le monde. Plus proches de nous, la vaccination, l'électricité, le train, le téléphone, la photographie, le moteur à combustion, la voiture, l'avion, le cinéma, la télévision, l'informatique, internet et l'intelligence artificielle sont autant d'inventions réalisées par des chercheurs, des ingénieurs, des travailleurs de diverses nationalités. Ces innovations technologiques nous facilitent l'existence et font partie intégrante de notre culture. Je pourrais citer des milliers d'habitudes, de gestes, de comportements que l'on retrouve dans la plupart des pays du monde et qui écrasent en nombre les particularismes qui nous font nous sentir différents. Si vous avez, par exemple, l'habitude de rouler en BMW, d'utiliser un iPhone, de porter une Rolex, de chausser des Gucci, de boire du champagne, de manger des pizzas et de jouer au football, cela fait de vous un être multiculturel. Nous sommes tous, que nous le voulions ou non, des êtres multiculturels. Ainsi, les variantes de la culture humaine sont très proches les unes des autres car toutes ont été exposées aux influences étrangères lors d'invasions, de migrations et grâce au développement du commerce international, du tourisme et des moyens de télécommunication. Il va sans dire que les multinationales sont les alliées du communisme ;

elles veulent la libre circulation des biens et des services et, par déduction, la disparition des frontières et des nations. Le jour viendra où les citoyens de la terre rirons du passé, de l'absurdité d'un monde composé de nations, de territoires indépendants.

V

La Chinoise, qui fusille le Russe du regard depuis un moment, se relève. Elle désigne Madame Bourgeois d'un mouvement de tête et lance fébrilement :

– Cette femme dit vrai. Vous n'êtes qu'un affabulateur. Vous ne savez pas de quoi vous parlez. L'esprit de l'homme n'est pas constitué de matière. L'esprit est une substance divine qui anime notre corps. L'esprit est vie et nous devons cette force vitale à Dieu, notre Créateur. L'univers tout entier est l'œuvre du Seigneur. Affirmer que le monde s'est matérialisé seul, comme par enchantement, est un blasphème !

Elle tousse. Un filet de sang s'échappe de sa bouche.

– Ne soyez pas ridicule, jeune fille. Vous affirmez que l'univers est une création divine en partant du postulat que rien ne peut exister sans avoir été préalablement créé. Mais, si Dieu a créé l'univers, qui a créé Dieu ? Votre postulat conduit inévitablement à l'hypothèse voulant que Dieu lui-même ait été créé par

75

une entité supérieure, et ainsi de suite, comme si tout n'était qu'une mise en abyme sans fin. De la même manière, si vous croyez possible que Dieu soit infini et éternel, cette même possibilité s'applique à l'univers et la matière qui le compose. Quant à l'origine de la vie, nous ne savons rien sur le sujet si ce n'est qu'il existe de nombreuses hypothèses. Nous, êtres humains, évoluons au sein de l'univers perceptible, quelque part sur l'échelle allant de l'infiniment petit à l'infiniment grand. L'infiniment grand peut être défini comme l'ensemble des choses observables ayant une taille supérieure à celle d'un être humain. L'infiniment petit comme l'ensemble des choses observables ayant une taille inférieure. Par exemple, une fourmi, même si elle est visible à l'œil nu, relève du domaine de l'infiniment petit, tandis que la planète Neptune, qui n'est visible qu'à l'aide d'instruments astronomiques car trop éloignée, appartient au domaine de l'infiniment grand. Sommes-nous, en termes de dimensions, plus proches de l'infiniment grand ou de l'infiniment petit ? Ces deux ensembles sont-ils finis ? Si oui, qu'y a-t-il au-delà ? Considérons à présent la question suivante ; les organes sensoriels dont nous sommes dotés nous permettent-ils de percevoir tout ce qui nous entoure, tout ce qui existe réellement ? Et qu'en est-il pour les autres espèces ? Lorsqu'un chercheur place une boîte de Petri sous un microscope, les bactéries qui s'y trouvent sont-elles conscientes d'être observées ? Sont-elles en mesure de détecter la présence du chercheur ? Probablement non car sur l'échelle de longueur qui va de l'infiniment petit à l'infiniment grand la bactérie est beaucoup trop éloignée de l'homme, de l'ordre d'un million de fois plus petite. De la même manière, il est tout à fait concevable que nous soyons d'insignifiants microbes pour une forme de vie dont la taille dépasse notre entendement. Notre univers observable, aussi immense qu'il nous paraisse, pourrait n'être qu'une particule infime dans un monde dominé par une civilisation extra-humaine. Pour finir ; peut-on affirmer que l'humanité est l'univers ? Si l'on admet que le monde nouménal n'existe pas, que tout ce qui existe est obligatoirement capté par nos organes sensoriels, et que les informations captées par ces organes ne prennent une forme et un sens qu'après avoir été traitées par l'esprit, peut-on dire que l'univers tel que nous le percevons n'existe réellement que dans les milliards d'esprits humains interconnectés ? Que la réalité n'est pas réelle ? Que la matière que nous croyons percevoir n'est finalement qu'une illusion, une fabrication de l'esprit ? Dans notre imaginaire le corps est matériel et tangible, tandis que l'esprit est immatériel. Serait-ce en réalité l'inverse ? Ce sont autant de questions auxquelles il est difficile d'apporter des réponses. Cela dit, et bien que l'énigme de la vie puisse demeurer à jamais irrésolue, l'humanité se doit de chercher des pistes, de tester des hypothèses, d'explorer l'univers toujours plus loin afin de faire la lumière sur ces questions existentielles et de trouver, peut-être, une faille dans la matière qui donne sur l'au-delà, dit le Russe.

– Monsieur Djougachvili, prétendez-vous qu'il existe, dans la matière, une sorte de porte du paradis qui nous permettra de retrouver les milliards d'âmes ayant un jour foulé cette terre ? s'étonne l'employé.

– Qui vous parle de paradis ? Il n'est pas question de retomber dans l'obscurantisme et le dogmatisme religieux comme cette idiote, répond le Russe en désignant l'Asiatique. Il s'agit de découvrir ce qu'il y a après la mort si tant est qu'il y ait quelque chose ! Et si un quelconque Dieu nous observe, tapi dans l'insondable, nous le trouverons lui aussi, et nous lui demanderons des explications !

– Hérétique ! Sorcier ! Criminel ! Vous ne trouverez le Seigneur que s'il daigne vous rappeler à lui ! hurle la Chinoise.

Elle saisit un petit buste de Napoléon posé sur une commode.

– Prenez garde ! alerte l'employé.

Elle jette la statuette sur Monsieur Djougachvili. Le vieil homme esquive le projectile de justesse.

— Se pourrait-il que cette effrontée soit une extrémiste du Xinjiang ? demande le Russe à l'employé.

— Elle prétend venir de Shanghai. Vous pensez qu'elle est ouïghoure ?

— Elle s'est peut-être échappée d'un camp de rééducation. Allez savoir.

— Attention, là voilà !

La Chinoise fonce sur le Russe comme un taureau sur son matador. Elle l'enserre et tente de le mordre au cou. Très vite, l'employé la neutralise en exécutant un étranglement arrière. Elle lui mord l'avant-bras avec toute la puissance de sa mâchoire. L'employé gémit de douleur mais parvient à la décrocher et à la projeter au sol.

— Jeune fille, vous avez de toute évidence une dent contre moi, ironise Monsieur Djougachvili. Je propose de régler vos griefs par le dialogue plutôt que par la violence. Mais avant toute chose, j'aimerais savoir à qui j'ai affaire.

— Je m'appelle Lin, répond l'Asiatique en se remettant debout.

– Lin, de mon temps je faisais tomber les églises et les cathédrales pour tempérer la foi des fanatiques de votre espèce. Mais le message était rarement compris. Il fallait alors leur couper la langue, les écorcher ou encore les fusiller pour leur faire expier ces superstitions archaïques. Vous vous doutez bien que la social-démocratie ne tolèrera pas un retour massif de ces croyances dans la société. Pourquoi ? Parce qu'elles sont basées sur des livres présentés comme « sacrés » et « immuables » alors même que ces ouvrages contiennent les textes fondateurs de véritables systèmes politiques. Or, je l'ai dit, dans le monde perceptible rien n'est immuable, tout se transforme, raison pour laquelle il n'existe pas vraiment de « vérités éternelles ». C'est précisément parce qu'elles sont fondées sur des manifestes prétendument sacrés et inaltérables que les religions étouffent le développement humain. Nous voulons une accélération du développement humain et non pas un ralentissement ou, pire, une régression. Nous avons un univers entier à explorer !

– Vous pouvez vous carrer vos balivernes où je pense, vieux schnock ! Ma foi est inébranlable ; je resterai à jamais fidèle et dévouée à Dieu. Je serai sa soldate impassible « dans la guerre générale menée par l'humanité libre contre le communisme et contre la tyrannie »[25] !

Les mains jointes, les yeux levés, la Chinoise s'adresse ensuite au plafond :

– « Ô Père des cieux, que ta colère vienne ! Il y a déjà bien assez de ton amour ! Tant de gens bons et respectables ont payé un trop lourd tribut !... Ô Père, si ta volonté est que je me fasse martyre, je serais heureuse de l'accomplir ! »[26] Ô Père, « conduis ces bandits communistes dans leur tombe »[27] ! « Peu m'importe de périr avec eux, mais Père, que ta colère vienne promptement ! »[28]

– Lin Zhao ?! C'est toi ? s'étonne l'employé en s'approchant d'elle.

L'Asiatique recule de quelques pas.

– Non, n'aies pas peur. Nous ne te ferons aucun mal.
– Vous la connaissez ? demande le Russe.

L'employé étudie le visage de celle qu'il croit avoir identifiée. La tuberculeuse, déjà pâle, devient blême. Son corps se met à trembler. Plus de doute, c'est elle ! La « combattante de la liberté » ! Mais la voilà tout à coup qui vacille et qui s'effondre !

– Cette malheureuse nous fait un malaise ! Qu'on appelle les secours ! crie Monsieur Bourgeois en se ruant sur la Chinoise qui gît au sol telle une poupée désarticulée.

— Lin ! Ô Lin ! s'écrie l'employé en se précipitant à son tour.

Les deux hommes s'agenouillent d'un côté et de l'autre du corps inanimé de la jeune femme.

— Lin ! crie l'employé en la secouant.

Une tache rouge apparaît sur le chemisier blanc de la malade. L'employé déboutonne en partie le vêtement et glisse une main sur sa poitrine.

— Que faites-vous ? demande Monsieur Bourgeois.
— Je l'examine.
— Bon sang ! Ne vous gênez surtout pas pour profiter de la situation !
— Ne soyez pas ridicule, Monsieur Bourgeois. Elle est blessée.
— Blessée ? De quel type de blessures s'agit-il ?
— De trous.
— Des trous ?
— Oui, similaires à des blessures par balle. Elle se vide de son sang. Nous devons faire quelque chose et vite.

– Les douleurs dans la poitrine figurent parmi les symptômes associés à la tuberculose. Mais des trous… comment est-ce possible ? Serait-ce une forme de complication rare de la maladie ?

Monsieur Bourgeois palpe le cou de la Chinoise à la recherche de sa carotide.

– Elle n'a plus de pouls. J'ai bien peur qu'elle ne soit…
– Morte ?

Monsieur Bourgeois confirme d'un hochement de tête. L'Asiatique ne bouge plus. Ses yeux ouverts mais fixes ne voient plus rien que l'obscurité.

– Pouvez-vous m'expliquer ce que vous faites tous deux penchés sur le cadavre de cette réactionnaire ? demande le Russe.
– Foutez-nous la paix, Monsieur Djougachvili. Allez donc rejoindre votre Nadejda qui vous attend, dit l'employé d'une voix emplie d'émotion.
– Que tout le monde reste à sa place ! crie-t-on soudainement. Un foyer de contamination nous a été signalé dans cet établissement ! Je répète ; personne ne bouge jusqu'à nouvel ordre !

Le Russe, l'employé et Monsieur Bourgeois font volte-face ; une vingtaine d'individus ont fait irruption. Tous sont vêtus d'une tenue de protection contre les micro-organismes à haut risque infectieux, et quelques-uns d'entre eux portent des armes à feu.

– Ah ! Enfin ! Ce n'est pas trop tôt ! Messieurs, je suis la dame qui a donné l'alerte. La personne malade est cette chintok, là-bas, indique Madame Bourgeois.

L'homme qui dirige le groupe fait signe à l'un de ses camarades. Celui-ci s'avance et examine rapidement la Chinoise. Muni d'un test de diagnostic, il prélève un échantillon de sang et le soumet à l'analyse.

– C'est à peine croyable ! L'IA indique la présence d'un agent pathogène de catégorie 4 ! Un monstre d'un nouveau genre ! L'improbable recombinaison entre le SARS-COV-2, le virus de la rage et le virus Ebola ! C'est tout à fait extraordinaire ! s'exclame l'épidémiologiste d'un air presque triomphal.
– Bon sang, bouclez-moi toutes les issues ! Maintenez les badauds à distance et embarquez tout ce beau monde au plus vite ! ordonne le chef.
– C'est grotesque ! s'insurge Monsieur Bourgeois. Vous faites fausse route ; cette femme est atteinte de tuberculose ! Je n'irai nulle part !

Deux individus s'emparent de lui. Monsieur Bourgeois se débat sous les yeux médusés de son épouse.

– Lâchez-moi ! Mais lâchez-moi ! Je vais très bien ! Je suis vacciné !

Madame Bourgeois se précipite pour le secourir.

– Lâchez-le ! Brutes ! Lâchez-le ! hurle-t-elle en s'accrochant à son mari que l'on emporte de force.

Elle assène un coup de poing sur l'épaule du policier qui tente de la repousser.

– Ne me touchez pas ! Vous n'avez pas honte ? Je suis une femme !

Des coups de matraque pleuvent. Les époux Bourgeois s'écroulent.

– Qu'est-ce que cette idiote n'a pas compris au mot égalité ? dit l'un des policiers.
– Qu'on apporte des brancards ! crie l'autre.

Les clients de l'établissement sont réveillés les uns après les autres et invités à grimper dans des véhicules en partance pour une destination inconnue. On ordonne d'évacuer en dernier les personnes ayant eu un contact rapproché avec la Chinoise. Monsieur Djougachvili se dirige vers la sortie en boitant légèrement, escorté par deux agents de police. Il s'arrête brusquement devant un portrait de Mao Zedong accroché dans le hall juste au-dessus d'une cheminée. Sur le rebord de celle-ci, disposées de part et d'autre, des bougies illuminent le visage du Grand Timonier. La toile a été peinte de telle sorte que ses yeux semblent suivre celui qui passe. Monsieur Djougachvili considère l'œuvre d'art d'un air amusé.

– Avance, grand-père ! Tu n'as pas entendu ? Il faut évacuer les lieux rapidement ! dit l'un des policiers en bousculant le Russe.

Surpris, Monsieur Djougachvili perd l'équilibre et tombe. Il se relève et observe du coin de l'œil l'homme qui l'a envoyé à terre. Celui-ci présente un gabarit impressionnant, dépassant allègrement les deux mètres. Le Russe reprend la marche comme si de rien n'était.

VI

Préférant affronter vents violents et pluies diluviennes plutôt que de courir le risque d'une contamination, l'amie de Madame Bourgeois lutte contre les éléments depuis son départ précipité de l'hôtel. Après avoir perdu son parapluie dans la bataille, elle se réfugie dans un petit local abritant un distributeur automatique de billets. Elle sort un smartphone de son manteau de fourrure trempé, tapote du bout des doigts sur l'écran tactile, et le porte à l'oreille. Rien. Le message *Sim désactivée* s'affiche à l'écran. Ne comprenant pas, elle se demande si c'est dû aux intempéries. Elle jette un coup d'œil autour d'elle. Un sans-domicile-fixe est assis par terre, adossé au mur, les yeux rivés sur son téléphone portable. Il s'est déchaussé pour être plus à l'aise. Elle fait deux pas dans sa direction avant de s'arrêter net. Il pue beaucoup trop. Mais elle doit absolument appeler quelqu'un.

– Pourriez-vous me prêter votre téléphone, s'il vous plaît ? J'ai un coup de fil urgent à passer. Ce ne sera pas long.

Le SDF la regarde brièvement et se replonge dans sa partie de Mario Kart sans dire un mot.

– Voici un peu d'argent. Prenez ! dit-elle en lui présentant un billet de 10 euros.

Il secoue la tête pour dire non.

– Je suis prête à racheter votre téléphone. Il est… C'est un vieux modèle… Je vous en propose 200 euros, insiste-t-elle.

Pas de réponse.

– Est-ce que vous comprenez le français ?

Le SDF reste impassible.

– Je vous en propose 500 euros.
– C'est d'accord, dit-il sans lever les yeux.
– Très bien.

L'amie de Madame Bourgeois insère une carte bancaire dans le distributeur de billets et compose son code secret. Un message d'erreur s'affiche :

"Carte invalide. Veuillez contacter votre banque."

Elle fait une nouvelle tentative en vain. Elle laisse échapper un soupir d'exaspération et se tourne vers le clochard. Il est toujours aussi absorbé par son téléphone. Elle verrouille du regard l'objet convoité et, en un mouvement éclair, le lui arrache des mains avant de détaler à toute vitesse.

– Salope ! crie le sans-abri en se lançant à ses trousses.

L'amie de Madame Bourgeois distance rapidement son poursuivant qui court pieds nus. Réalisant qu'elle n'aura aucun mal à le semer, elle ralentit pour traverser la rue. Une violente rafale de vent la prend de flanc et manque de l'envoyer à terre. Elle n'est plus qu'à trois pas du trottoir d'en face lorsqu'elle entend un craquement métallique. Un panneau publicitaire vient de se décrocher sous la pression du vent. Il s'envole avant de retomber sur la chaussée avec fracas. Le SDF ralentit sa course.

Dieu soit loué ! dit-il.

Il s'arrête pour observer l'affiche collée sur le panneau. Le portrait d'un certain Roussel. Il se demande comment les gens peuvent rester insensibles à l'urgence sociale. Comment ce candidat communiste, dont le visage est pourtant placardé dans toute la ville, a pu enregistrer un score aussi faible à l'élection présidentielle. Allez comprendre ! Des gémissements l'arrachent à ses pensées. L'amie de Madame Bourgeois, heurtée de plein fouet par le panneau publicitaire, gît sur le bitume. Du sang s'écoule de sa bouche et de ses oreilles. Le SDF enjambe sa voleuse, ramasse son téléphone et s'éloigne en direction de son abri, visiblement satisfait d'avoir récupéré son bien.

L'amie de Madame Bourgeois reprend conscience sous une pluie qui redouble d'intensité. Elle parvient à s'appuyer sur ses avant-bras et à soulever la tête malgré des douleurs lancinantes. Elle est couchée à plat ventre au beau milieu de la chaussée, en pleine nuit. Elle distingue au loin deux lumières qui approchent.

— On ne t'a jamais appris à rouler moins vite quand la visibilité est réduite ? lâche un policier.

— T'inquiète. Il n'y a personne dans les rues avec ce temps de merde, répond son collègue.

— N'empêche qu'avec tous ces détritus éparpillés ici et là tu ferais bien de faire… Attention !

Le véhicule fait une embardée.

– C'était quoi ?! demande le policier.

– Une poubelle qui déambule au gré du vent, répond l'autre en donnant un nouveau coup de volant pour éviter un panneau au sol.

– Non, juste après. On a roulé sur quelque chose. C'était un ralentisseur ?

– Non. Ça avait l'air poilu. Sans doute un chien errant qui a été pris au piège dans la tempête.

VII

Deux semaines plus tard, à plusieurs centaines de kilomètres de là, l'employé franchit le seuil qui le sépare d'un immense hall d'entrée. Une porte coulissante automatique se referme derrière lui. Il se trouve maintenant à l'intérieur du bâtiment d'accueil du centre de quarantaine, bâtiment dont les murs de verre donnent une vue directe sur les édifices environnants et les allées et venues du personnel sur le site. Il repère un visage familier à proximité d'un distributeur automatique de boissons et s'approche.

– Monsieur Djougachvili ! Et moi qui pensais ne plus jamais vous revoir ! Quel plaisir !

– Camarade, vous voilà vous aussi remis sur pied. Ce virus a été particulièrement coriace mais nous en avions vu d'autres, n'est-ce pas ? dit le Russe en récupérant une bouteille d'eau pondue par la machine.

– Certainement. Savez-vous ce qu'il est advenu des époux Bourgeois et de leur amie ?

– Une soignante m'a donné de leurs nouvelles. Les Bourgeois ont développé des symptômes particulièrement sévères et persistants.

– Vous m'en voyez attristé. Pensez-vous qu'ils ont une chance de s'en sortir ?

– Ils ont été placés en quarantaine pour une période indéterminée. Je n'en sais pas plus. J'imagine qu'ils n'en sortiront que lorsqu'ils seront sans danger pour les autres. La soignante m'a confié que certains individus peuvent être testés positifs durant des semaines, des mois, peut-être même des années.

– Existe-t-il un traitement efficace ?

– Pas vraiment. Mais la lecture semble faire beaucoup de bien aux malades.

– La lecture ? Comme c'est curieux. Dites, Monsieur Djougachvili, savez-vous à quoi sert le bâtiment que l'on voit là-bas ?

L'employé pointe du doigt un édifice situé à quelques dizaines de mètres où des soignants entrent et sortent avec des chariots.

– Ce bâtiment abrite les fours crématoires. Les dépouilles mortelles des malades ayant succombé au virus y sont détruites par le feu. C'est la procédure pour toute contamination par un pathogène de catégorie 4.

L'employé suit des yeux l'incessant va-et-vient. Il finit par porter son attention sur un chariot qui se démarque des autres.

– Oh ! Regardez, Monsieur Djougachvili !
– Qu'y a-t-il ?
– Voyez-vous le défunt que l'on transporte là-bas ? Ses pieds dépassent du brancard d'une vingtaine de centimètres. C'en est presque drôle.
– Que voulez-vous que je vous dise ? Ce virus n'épargne personne, pas même les grands hommes.
– Je sens que quelque chose vous tracasse, Monsieur Djougachvili.
– Discutons de votre besogne.
– Oui, je vous écoute.
– Avez-vous rendu le rapport que nous vous avions demandé ?
– Je dois finir de le rédiger…
– Le délai n'a pas été tenu.
–Monsieur Djougachvili, avec tout mon respect, vous connaissez mieux que quiconque la pénibilité du travail de nuit. Vous saviez parfaitement que je souffrais d'un déficit chronique de sommeil dû à mon poste dans un établissement où vous, je dis bien vous, m'aviez envoyé. Malgré tout vous vous attendiez à ce que j'aie terminé ? Non. Donnez-moi quelques semaines de plus et vous aurez votre rapport.

Le Russe réfléchit un instant en se caressant la moustache.

— Nous allons vous accorder du repos. Vous l'avez bien mérité. Au revoir camarade, dit-il en tournant les talons.

Deux gardes s'approchent.

— Du repos ?! Je ne veux pas de votre repos ! crie l'employé.

Les gardes se saisissent de lui. Il se débat.

— Revenez ici, Monsieur Djougachvili ! Revenez, espèce de… Monsieur Djougachviliiii ! supplie-t-il avant d'être foudroyé par une matraque.

L'employé reprend conscience au son des bips d'électrocardiogramme. Une soignante vient le voir.

— Comment vous sentez-vous ? demande-t-elle.
— Où suis-je ?
— Vous êtes dans la zone de quarantaine, dans une salle de réanimation.
— Qu'est-ce que vous dites ?

– En réanimation, répète la soignante.

– Je ne comprends pas. Je discutais avec un camarade il y a quelques minutes et je…

– Vous étiez un peu agité. Nous vous avons… heu… tranquillisé. Le médecin qui vous a examiné dit que vous présentez des signes de détresse respiratoire, que vous faites une sorte de rechute de la maladie.

– Détresse respiratoire ? Qu'est-ce que vous racontez ? Je n'éprouve aucune difficulté à respirer ! Tenez, je vous en donne la preuve.

L'employé inspire puis expire profondément.

– Vous voyez ? Je vais très bien, dit-il.

– Cessez d'ergoter. Chaque jour que Dieu fait, des malades remettent en cause mes compétences et celles de mes collègues. C'est vraiment pénible.

Elle saisit une serviette et éponge la sueur qui perle sur le front de son patient. Le rythme des bips s'accélère. La soignante jette un coup d'œil au lit d'à côté. Les bips laissent place à un son aigu et continu. Elle regarde sa montre, lâche la serviette, et s'éloigne pour décrocher un téléphone.

– J'écoute.
– Il faut m'envoyer quelqu'un, dit-elle.

– Quel nom ?
– Bourgeois.
– Madame ou Monsieur ?
– Monsieur. Madame est décédée il y a deux jours.
– On arrive.

Elle raccroche et s'affaire à débrancher le défunt. Deux hommes du service crématorium pénètrent dans la salle avec un brancard mortuaire. Ils chargent le macabé et repartent aussitôt.

– Excusez-moi pour ce contretemps. La plupart des malades ne résistent que quelques jours, quelques semaines dans le meilleur des cas. Nous avons régulièrement des décès.
– Écoutez, il s'agit d'un malentendu. Je suis en parfaite santé. Laissez-moi m'en aller. J'ai beaucoup de travail qui m'attend.
– Vous pourrez partir quand vous irez mieux. Et ça tombe bien ; j'ai reçu l'ordre de vous administrer un remède expérimental qui pourrait décupler vos chances de survie. Il s'agit d'un traitement personnalisé, adapté à votre profil. Beaucoup n'ont pas eu ce privilège. Ils ont dû se contenter du respirateur.

L'employé tente en vain de se soulever. Réalisant qu'on l'a attaché au lit, il profère des injures inintelligibles.

– Qu'est-ce que vous dites ? demande la soignante. Vous râlez ? Restez tranquille, ce ne sera pas long.

Elle sort une seringue et le pique. Il sent un liquide pénétrer son système sanguin.

– Voilà. C'est fait. Fort heureusement pour vous, je suis une professionnelle aguerrie. Imaginez un instant ce qui pourrait arriver si je me laissais déstabiliser ? Ni vous ni moi n'avons intérêt à ce que cela se produise. Tenez, pas plus tard qu'hier, l'une de mes collègues a mal paramétré le respirateur artificiel d'un malade. Savez-vous comment ça s'est fini ? Les poumons du pauvre homme ont littéralement explosé. Je crois que les vrais responsables de cette tragique erreur médicale sont tous ceux et celles qui, avec leur attitude désagréable, ont poussé ma collègue à l'épuisement psychologique et à la faute. Je parle de tous ces hommes et femmes que nous soignons et qui, plutôt que de nous faire confiance, s'imaginent pouvoir nous enseigner notre métier. Ces gens doivent comprendre que nous faisons tout ce qui est en notre pouvoir pour leur sauver la vie, et que nous nous sentons assez mal comme ça, en voyant toutes ces âmes être et ne plus être l'instant d'après, sans qu'ils n'en rajoutent. Aussi, vous feriez mieux de préserver vos forces pour affronter ce virus.

Tandis que le remède se répand dans les veines de l'employé, un changement se produit. Le visage de la soignante, protégé par un écran facial, attire soudainement son attention. Elle a 25 ans, peut-être 30, des yeux d'un vert profond et une bouche harmonieusement dessinée. Quelle beauté ! Plus il l'observe et mieux il la voit ! À présent, tout s'anime autour de lui. Ses sens captent des détails jusque-là imperceptibles ; les couleurs paraissent plus vives, les odeurs plus fortes, les sons plus distincts.

– Cette lumière...
– Quoi donc ? répond la soignante.
– ... m'éblouit.
– Il vous faut du repos.

L'employé obéit. Il ferme les yeux pour se soustraire à l'intensité soudaine de son environnement.

– Parfait. Je détache la sangle, vous serez plus à l'aise. Je vais m'absenter un petit instant. Je reviendrai vérifier votre état. Si par malheur le traitement n'a pas l'effet escompté, nous envisagerons une assistance respiratoire, dit la soignante.

L'employé tente de protester, mais aucun son ne sort de sa bouche. Une douleur lancinante envahit brutalement son cou. Alors qu'elle s'apprête à quitter la pièce, l'infirmière voit le visage du patient se déformer en une grimace effroyable. Elle revient vers lui.

– Quelque chose vous fait souffrir ? Qu'avez-vous ? demande-t-elle avec inquiétude.
– Je… j'ai… le…
– Que dites-vous ?
– Vi… le… le communisme.
– Eh bien quoi le communisme ?

L'employé ne prête déjà plus aucune attention à la soignante. La douleur s'intensifie et se propage. Des spasmes secouent son corps. Ses muscles se raidissent et se tordent, son dos s'arque en arrière, ses yeux s'écarquillent et se révulsent, et il est pris de nausées incontrôlables. Du vomi jaillit de sa bouche.

– Qu'est-ce qui vous arrive ?! Hé ! Monsieur ! Monsieur ! crie la soignante.

Elle observe son patient se contorsionner comme dans l'une de ces scènes d'exorcisme que l'on ne voit qu'au cinéma.

– Seigneur, venez-lui en aide ! s'écrie-t-elle en faisant le signe de croix.

La douleur de l'employé atteint son paroxysme. Sa respiration est erratique, et les battements de son cœur s'accélèrent. Incapable de résister davantage, il sombre dans l'inconscience et cesse de respirer.

– Hé ! Monsieur ! crie-t-on en le secouant.

La panique liée au manque d'oxygène extirpe l'employé de son apnée. Il ouvre les yeux. Une femme est penchée sur lui, une main posée sur son bras.

– Ce n'est pas trop tôt ! Ça fait dix bonnes minutes que j'essaie de vous réveiller ! postillonne la cliente.

Le réceptionniste de nuit bondit sur sa chaise.

– Excusez-moi, dit-il.
– Ça vous arrive souvent de vous endormir pendant votre shift ?!

– Encore désolé, madame. Je n'avais pas fermé l'œil depuis 48 heures. J'ai dû m'assoupir en lisant.

– En lisant ? Et en plus, ça lit ! Monsieur lit au lieu de faire son travail ! Pourtant, vous n'avez pas une tête de lecteur. Dites-moi combien je vous dois. Faites vite, j'ai un avion à prendre.

– Dans quelle chambre étiez-vous ?

– La suite 32.

– Vous êtes restée deux nuits. Vous aviez versé des arrhes lors de la réservation, 50 % du montant du séjour, il vous reste 500 euros à régler ainsi que la taxe de séjour, soit un total de 502 euros et 64 centimes.

La cliente paye le montant demandé.

– Croyez-moi, je n'en resterai pas là. Je vais contacter votre supérieur hiérarchique et ça va barder, dit-elle en récupérant sa carte bancaire.

– Contactez qui vous voudrez, Madame. Cette nuit qui s'achève est ma dernière.

Notes

[1] Extrait de *Mein Kampf* d'Adolf Hitler. Nouvelles Éditions Latines, 1934, p. 135.

[2] Ibid., p. 135.

[3] Ibid., p. 71.

[4] Ibid., p. 54.

[5] Traduction d'un extrait de *Blood Letters* de Lian Xi. Basic Books, 2018, p. 140.

[6] Ibid., p. 213.

[7] Ibid., p. 217.

[8] Extrait de *Mein Kampf* d'Adolf Hitler. Nouvelles Éditions Latines, 1934, p. 380-381.

[9] Extrait de *Ainsi parlait Zarathoustra* de Nietzsche. GF Flammarion, 1996, p. 48.

[10] Ibid., p. 56.

[11] Ibid., p. 56.

[12] Ibid., p. 56.

[13] Ibid., p. 50.

[14] Ibid., p. 50.

[15] Ibid., p. 52.

[16] Ibid., p. 52.

[17] Ibid., p. 53.

[18] Extrait du *Manifeste du Parti communiste*, Karl Marx & Friedrich Engels, GF Flammarion, 1998 pour cette édition, première parution en 1848, p. 100.

[19] Ibid., p. 119.

[20] Cf. *Le Marxisme et la Question nationale*, J.V Staline, 1913, chapitre I.

[21] Ibid., chapitres II-III.

[22] Extrait du *Manifeste du Parti communiste*, Karl Marx & Friedrich Engels, GF Flammarion, 1998 pour cette édition, première parution en 1848, p. 118.

[23] Cf. *Le Marxisme et la Question nationale*, J.V Staline, 1913, chapitre IV.

[24] Ibid., chapitre VII.

[25] Traduction d'un extrait de *Blood Letters* de Lian Xi. Basic Books, 2018, p. 220.

[26] Ibid., p. 196.

[27] Ibid., p. 192.

[28] Ibid., p. 196.

www.ingramcontent.com/pod-product-compliance
Lightning Source LLC
La Vergne TN
LVHW091047170726
843494LV00001B/102